大家小书

汉字知识

郭锡良 著

北京出版集团
北京出版社

图书在版编目（CIP）数据

汉字知识 / 郭锡良著. — 北京 ： 北京出版社，2020.9（2024.7 重印）

ISBN 978-7-200-15853-3

Ⅰ. ①汉… Ⅱ. ①郭… Ⅲ. ①汉字—基本知识 Ⅳ. ① H12

中国版本图书馆 CIP 数据核字（2020）第 164568 号

总 策 划：安　东　高立志　　本书策划：吕克农
责任编辑：高立志　魏晋茹　　责任印制：陈冬梅
装帧设计：金　山

汉字知识
HANZI ZHISHI
郭锡良　著

出　　版　北京出版集团
　　　　　北京出版社
地　　址　北京北三环中路 6 号
邮　　编　100120
网　　址　www.bph.com.cn
总 发 行　北京出版集团
印　　刷　北京华联印刷有限公司
经　　销　新华书店
开　　本　880 毫米 ×1230 毫米　1/32
印　　张　4.875
字　　数　82 千字
版　　次　2020 年 9 月第 1 版
印　　次　2024 年 7 月第 3 次印刷
书　　号　ISBN 978-7-200-15853-3
定　　价　39.80 元

1981年8月在北京大学燕南园与王力先生合影

1992年与吕叔湘先生合影

总　　序

袁行霈

“大家小书”，是一个很俏皮的名称。此所谓“大家”，包括两方面的含义：一、书的作者是大家；二、书是写给大家看的，是大家的读物。所谓“小书”者，只是就其篇幅而言，篇幅显得小一些罢了。若论学术性则不但不轻，有些倒是相当重。其实，篇幅大小也是相对的，一部书十万字，在今天的印刷条件下，似乎算小书，若在老子、孔子的时代，又何尝就小呢？

编辑这套丛书，有一个用意就是节省读者的时间，让读者在较短的时间内获得较多的知识。在信息爆炸的时代，人们要学的东西太多了。补习，遂成为经常的需要。如果不善于补习，东抓一把，西抓一把，今天补这，明天补那，效果未必很好。如果把读书当成吃补药，还会失去读书时应有的那份从容和快乐。这套丛书每本的篇幅都小，读者即使细细地阅读慢慢地体味，也花不了多少时间，可以充分享受读书的乐趣。如果把它们当成补药来吃也行，剂量小，吃起来方便，消化起来也容易。

我们还有一个用意，就是想做一点文化积累的工作。把那些经过时间考验的、读者认同的著作，搜集到一起印刷出版，使之不至于泯没。有些书曾经畅销一时，但现在已经不容易得到；有些书当时或许没有引起很多人注意，但时间证明它们价值不菲。这两类书都需要挖掘出来，让它们重现光芒。科技类的图书偏重实用，一过时就不会有太多读者了，除了研究科技史的人还要用到之外。人文科学则不然，有许多书是常读常新的。然而，这套丛书也不都是旧书的重版，我们也想请一些著名的学者新写一些学术性和普及性兼备的小书，以满足读者日益增长的需求。

“大家小书”的开本不大，读者可以揣进衣兜里，随时随地掏出来读上几页。在路边等人的时候，在排队买戏票的时候，在车上、在公园里，都可以读。这样的读者多了，会为社会增添一些文化的色彩和学习的气氛，岂不是一件好事吗？

“大家小书”出版在即，出版社同志命我撰序说明原委。既然这套丛书标示书之小，序言当然也应以短小为宜。该说的都说了，就此搁笔吧。

兼顾全面和深入的汉字知识普及读物

——再读郭锡良先生《汉字知识》

邵永海

郭锡良先生的《汉字知识》部头不大，全书不足六万字，介绍汉字的基本知识，包括六章，绪论部分讨论汉字的性质、汉字与汉语的关系以及汉字的历史地位。第二章探讨汉字的起源。第三章论述汉字的发展，说明汉字经历了象形、表意和标音三个阶段。第四章叙述汉字由甲骨文、金文、六国古文、籀文、小篆，经隶书而演化为楷书的过程。第五章围绕六书说探讨汉字结构的类型。第六章论述汉字改革的历史和汉字改革的必要性。

由上面介绍可以看出，该书的内容非常全面而精确，涉及汉字研究的各个领域；对每个分支领域的论述都做到提纲挈领、要言不烦。比如第五章讨论六书中的形声字，在给出形声字的定义后，首先明确指出形声作为造字手段对汉字体系的重要性："形声字的产生使汉字的性质产生了重大变化，由表意文字过渡到表意兼标音的文字，形成了汉字的新阶段。"接着说明形声字对掌握汉字的重要性："三千多年来形声字不断增加，由甲骨文的百分之二十增加到了现在的百分之九十以上。了解形声字的形体结构及其性质，对掌握汉字具有重大作用。"然后从形声字的组织成分、义符和声符的位置、义符的表意作用以及声符的表音和表意作用等四个方面对形声字的特点展开分析。其中包括了对省形、省声、亦声、右文说和义符替换等相关问题的讨论，也有对多形多声现象的剖析；关于义符和声符的相互位置，在举例列出十七种搭配方式后，指出前四种最常见而后十三种可以进一步归并为四种，还说明相同的义符和声符以不同方式搭配，可能造成异体（如峰和峯），也可能形成不同的字（如吟和含）。关于义符的表意特点，在说明义符表示形声字的意义范畴之后，进而阐明由于词义引申、文字假借等因素而削弱了义符的表意作用，以及义符选择不同造成的异体字。关于声符的标音功能，强调声符与其所构造的形声字并非完全同音，而是声音相近："在先秦，声符相同的字一般不但韵部相同，而且声母也往往同组。"并举"告"为例，分析以"告"作声符的字，韵母同属觉部，声母同是喉牙音，而在介音、声母、声调方面有差别。故多数声符并不能精确标音，而只是标示形声字的音类；在两千多年的历史过程中，语音演变又影响了声符的表音作用："汉字的谐声系统到中古就已经乱了，声符的表音作用大大削弱。现在形声字的声符和字音的关系表现出非常复杂的情况，有不少同声符的形声字读音甚至毫无共同点。"这样的分析，不仅有助于读者正确认识形声字，而且其结论对利用汉字的谐声系统研究古代音韵具有重要的指导意义。

《汉字知识》对诸多汉字问题的探讨是相当深入的；对一些学界有争议的问题都明确提出自己的观点并作出言简意赅的论证。比如关于汉字的性质，郭先生一方面认同将汉字的性质确定为意音文字的观点，同时又指出："汉字的标音成分和纯粹表音的假借字都是采用的表意符号，我们不妨还是称之为表意文字。"关于汉字与汉语之间的关系，郭先生立足于汉字记录汉语这一基本事实，论述汉字体系的演化与记录汉语的职能之间的互动关系，例如第三章讨论假借字和同源字的概念，假借现象是汉字发展中为满足记录汉语的需要而产生的一种用字方法，假借现象标志着人们用语音的角度使用汉字符号，同时，假借又促进了新字的创造。当一个汉字兼职过多，往往会添加偏旁来加以区别，于是形成为数众多的古今字，尤以表意兼标音的形声字所占比例最大。词义的引申发展也会导致一个汉字记录若干个词的现象，同样需要在字形上加以分化，这样便形成一组汉字音义皆近的情形，亦即同源字。在字形上，同源字之间往往是古今字的关系。因此，汉字假借和词义引申导致汉字兼职过多，为此而创造新字是汉字数量繁衍增加的重要原因之一。对汉字体系的观察和解释离不开对假借现象的观察，也离不开对词义引申的分析。正如郭先生书中所言："同源字是汉字发展过程中，为了区别同音字而产生的，它增加了字数，是汉字繁化的现象之一。"这种清醒的认识贯穿在全书对许多具体问题的讨论之中。

关于汉字简化，学界一直存在争议。郭先生认为："汉字形体的演变是由近似图画的写实象形变成由笔画组成的符号，主要是笔势的变革，即笔画姿态的变革。""形体的演变，总的趋势是由繁趋简。""几千年来随着社会的发展，汉字的形体结构经历了多次重大变化，发展的总趋势是由繁趋简，由表意到标音，但始终还停留在表意兼标音的阶段。""文字本来只是记录语言的符号，这些字增强了符号性，只要能记录汉语，易认易写，打破了六书原则，也是适应客观的需要。"这些论述一方面指明汉字简化是历史事实，是三千多年来汉字发展的总趋势，目的是使汉字更便于应用；另一方面解释"汉字停留在表意兼标音的阶段"同样是客观事实，汉字简化应从汉字的整个体系全面考虑，既符合易于识读书写的要求，又需照顾到汉字的历史渊源和汉字体系的辨识度等。最后，讨论汉字拼音化的历史和现状，认为应从汉语同音词多和汉字文化典籍继承等方面慎重看待这一问题。应该说，这是中肯合理的见解。

作为一部普及性读物，在兼顾全面和深入的情况下，如何使读者易于理解和接受也是值得重视的问题。《汉字知识》对每个细节问题的讨论都尽量避免简单的知识介绍，而是提供丰富的实例分析，将其中的道理讲清楚。例如讲异体字时提到鲁迅笔下的孔乙己曾说“回”字有四样写法，郭先生引述《鲁迅全集》注释、《现代汉语词典》和《汉语大字典》说明“回”字只有三种写法，所谓“四样写法”应是鲁迅“为了讽刺孔乙己的迂腐，就把他跟章炳麟学《说文》时的古文形体回也拉了进来”。在明确了异体字的定义之后，申述异体字在汉字发展史上一直存在的事实和原因，举出十三组字示例历代异体字的情形；从使用情况和形体结构等不同角度对异体字进行分类时，同样结合实例展开，这样的分析不仅使读者对异体字有全面的了解，同时也对汉字的表意性质有更深入的认识，并明白异体字的存在一方面与文字规范有关，另一方面又与汉字使用的历史久远、地域辽阔有关。讨论同源字时，郭先生把同源字分为两类：一是声符相同的同源字，如長（长短）、張（拉紧弓弦）、涨（水面增高）、帐（张开在床上的用具）等；二是声符不同的同源字，如枯（草木缺水）、涸（江河缺水）、渴（人缺水欲饮）等；其中“声符相同的同源字，大多是后起的分化字”。声符相同的同源字大量存在，可以解释形声字中有些声符兼表意的现象：“声符本来的职能是标示字音，但有的形声字的声符却兼有表意作用。……这类形声字大多是为了区别本义和引申义或者区别同源词而加注义符所形成的分化字。”对普通读者而言，同源字、右文说等问题原本是比较难理解的，不过由于丰富的实例分析和简明透彻的讲述，也就变得易懂了。

《汉字知识》1981年由北京出版社初版，收入“语文小丛书”。这部著作自问世迄今已近四十年，今天读来依然能感受到其新鲜而独特的学术价值，是一部非常适合对文字学特别是汉字学有兴趣的广大读者阅读的著作。此次修订再版，主要是汉字改革一章添加了一大段，论述了将现行汉字改成拼音文字必须慎重。需要特别说明的是：本书分析对象主要是针对繁体字，为了读者易于理解，所以行文中难免有繁简夹杂，尤其是引文部分尤多繁体。

2020年7月于燕园

目 录

第一章　绪论

一、汉字是记录汉语的符号体系

人类社会为了搞好生产协作、组织社会生活，从一开始就需要有互相交际、交流思想的工具。语言就是人类最重要的交际工具。但是，话说出口，声音随即消散，它（口语）受着时间和空间的限制。有声语言不能把一时一地人们的思想或活动情况留传给后代（在录音机发明以前）或者传送到远方（在电话发明以前）。当社会发展到需要把语言记录下来，以便保存下去或者传送给远方的时候，文字就作为记录语言的符号，作为人类的辅助交际工具而被创造出来。

语言是思想的直接体现者，它用词和句子形式来表达思维。任何语言的表达形式，必然有音、义两个方面，而文字则是用某种符号体系来代表语言里整个的词、音素或音节。例如：

人　这是汉字这种符号体系中的一个符号，代表汉语中的一个词。

man　这是英文这种符号体系中的三个符号，每个符号代表英语中的一个音素，三个符号组成一个词（男人）。

かく　这是日文这种符号体系中的两个符号，每个符号代表日语中的一个音节（か〔ka〕，く〔ku〕），两个符号组成一个词（写）。

因此，文字总是作为语言的书面形式被人类所使用，它除音、义两方面外，还有形体这一方面。任何文字都是形、音、义三者统一的符号体系，都不能离开语言而独立存在。

汉字是记录汉语的符号体系。它比汉语产生得晚得多。一百多万年以前汉族的祖先就生活在中国的大地上。在漫长的原始社会里，由于生产力低下，汉族的祖先处于同大自然作极其艰苦斗争的状况下，没有条件创造文字，他们唯一的交际工具是有声语言。直到几千年前的原始社会末期，汉字才被创造出来。到三千多年前的殷代，汉字已经成为一种高度发达的文字被应用于文献记录。例如：

贞，今日壬申其雨？之日允雨。（乙.3414）

这就是殷代语言的记录。此后，汉字记录了历代汉语的有声语言，沿用至今，成为世界上历史最悠久的文字。

二、汉字是一种表意文字

文字记录语言有两种基本的方法：一是表音，一是表意。表音就是用一些符号来拼写口语中的词，所用符号代表语词中的音。表意就是用一系列的符号来表示口语中的整个词或者它的独立部分。根据记录语言的方法的不同，世界上的文字基本上可以划分为两大类：一是表音文字，一是表意文字。

英文、俄文、法文、德文、阿拉伯文和我国的蒙文、藏文、维吾尔文等都是表音文字。这种文字用字母来代表语词中的音素（严格说是代表音位），若干字母拼写成词，全部词汇只需要用几十个字母来拼写。例如，英文的“basket”，用六个字母拼成“篮子”这个词，全部词汇只用“a、b、c、d……”二十六个拉丁字母就都拼写出来了。

汉字是一种表意文字。严格说来，汉字真正的表意字只有一小部分。例如：用“”（甲骨文）这个简单的图形代表“日”这个词，用“”这个符号代表“上”这个词，把三个“人”字合在一起代表“众”这个词，把“小”

和“隹”（《说文》：“鸟之短尾总名也”）两个字结合起来代表作小鸟讲的“雀”这个词。而占汉字百分之八十以上的形声字，却是表意兼标音的文字。例如：“拍”“抱”“抵”三个字，左边的“扌”（手）表示它们都是与手有关的动作，是表意的部分；右边的“白”“包”“氐”跟它们各自组成的字音近或音同，是标音的部分。汉语中还有些词，没有专门的符号，借用了一个音同或音近的字来充当，久而久之，有的借用的字反倒成了它的专用字。例如：權（权）利的“權”（《说文》：“黄华木”），然则的“然”（“燃”的本字），而且的“而”（《说文》：“须也”）。这些字就完全成了表音的符号了。因此，有人把汉字叫作意音文字，应该说，这一名称更加准确。其实，完全只用表意方法的文字是没有的，古代埃及的圣书字、美索布达米亚的钉头字（也叫楔形文字）和中美洲的玛雅文也都采用了表意又表音的方法。不过，汉字的标音成分和纯粹表音的假借字都是采用的表意符号，我们不妨还是称之为表意文字。表意文字的缺点是符号繁多，往往需要几千到几万个符号来书写语言中的全部词汇。

三、汉字在历史上的功绩和对世界文化的贡献

汉字是汉族祖先的重大发明之一。恩格斯说："从铁矿的冶炼开始，并由于文字的发明及其应用于文献记录而过渡到文明时代。"（《家庭、私有制和国家的起源》）中国社会早在几千年前就进入了文明时代，汉字的发明毫无疑义是起了重大促进作用的。有了汉字，劳动人民创造的文化知识得以更为广泛地传播，前代的历史遗产得以更完整、更系统地继承。社会的发展，必然因此加快。有了汉字以后，我们的祖先凭借它的帮助，创造了辉煌灿烂的古代东方文化；并依靠汉字把这笔宝贵的文化遗产保存下来，成为我们的财富。

几千年前，我们祖国就是一个地域辽阔、人口众多的国家。在长期的封建社会里，小农经济带着固有的分散性，人民交际的范围狭小，方言分歧，在所难免。但是，不直接表音的表意汉字，起了统一书面语的作用，并影响着口语在语法、词汇方面保持其基本的一致性，约束了方言的分化。汉语没有像欧洲的印欧语系一样，分化成许多独立的语言，汉字是有一份功绩的。此外，历代国家政令的推行，也有赖于汉字记录的统一书面语；同时还应看到，国家的统一，汉字也不是没有起着

有利的作用的。

汉字不仅已经为中国人民服务了几千年，有着不可磨灭的功绩，而且对东亚和东南亚其他民族文化的发展也有深远的影响。朝鲜、越南都使用过汉字，日本至今还使用部分汉字；同时，他们还曾仿照汉字创造出自己的文字。

朝鲜使用汉字有一千几百年之久。他们的古代文献大多是用汉语的文言文写的，当时是把汉语连同汉字当作他们的书面语来使用的。公元五世纪前后，朝鲜人开始用汉字来记录自己的语言，叫作“乡札”。乡札就是本地文字的意思。用的是汉字，记录的是朝鲜语。十五世纪朝鲜李氏王朝（世宗）设立谚文厅，命令郑麟趾、申叔舟等利用汉字的笔画，创造了自己的文字，命名为“训民正音”。例如：

조선어〔tʂɔ sən ə〕　朝鲜语

这里使用了六个字母：ㅈ〔tʂ〕、ㅗ〔ɔ〕、ㅅ〔s〕、ㅓ〔ə〕、ㄴ〔n〕、ㅇ〔零声母〕。此后，汉字和谚文同时使用，或者混合使用。直到二十世纪五十年代朝鲜才完全停止使用汉字。韩国至今还继续使用汉字。

越南使用汉字比朝鲜还早。秦汉之间，汉字已经传入越南。直到十九世纪六十年代法国统治越南以前，越南一直是使用汉字的。同时，远在十三世纪，越南人还依照汉字六书的方法，用汉字作基础创造了越南自己的文字“字喃”。例如：

𡗶〔ʑɐi〕	天
𩄲〔məi〕	雲
𠄼〔nAm〕	五

字喃一般是记录越南土话的。越南人长期把这种字喃和汉字混合使用来记录越语。直到1945年，越南才完全用拼音文字代替了汉字和字喃。

汉字传入日本也很早，最迟不会晚于公元三世纪。古代日本人曾长期用汉语的读音来阅读中国的文献，也用汉字来写文章。据说直到公元八世纪，由遣唐使中的留学生吉备真备和学问僧空海利用汉字制订了自己的音节字母。吉备真备制订的“片假名”是采用汉字楷书的偏旁。例如：

ア	イ	ウ	ヌ	ロ
阿	伊	宇	奴	吕
〔a〕	〔i〕	〔u〕	〔nu〕	〔lo〕

空海制订的“平假名”是利用了汉字的草书。例如：

あ　け　た　ぬ　や
安　计　太　奴　也
〔a〕〔ke〕〔ta〕〔nu〕〔ia〕

从此，日本人就把假名和汉字混用来记录日本语。此外，他们还仿照汉字创造了一些日本语的专用字，叫作“国字”。例如：

辻〔tsudzi〕　街，十字路口
畑〔hatake〕　旱田
働〔dô，hataraku〕　劳动

日本直到现在还是假名和汉字混用，规定的当用汉字有一千八百五十个。

在历史上，我国境内有些少数民族也仿照汉字创造了自己的文字，例如契丹国书（920年）、西夏文（1036年）和女真字（1119年）。这些文字虽然早已成为历史文物，但也留下了许多珍贵的文献资料。

总之，汉字不仅促进了汉族人民的文化发展，而且直接促进了东亚和东南亚其他国家（朝鲜、越南、日本）人民文化的发展，并为世界人民保存了极其丰富的人类文化遗产，对世界文化作出了巨大贡献。

第二章　汉字的起源

一、汉字起源的时代

语言是随着人类社会的产生而产生的，从有人类就有了语言。但作为记录语言的符号的文字却是人类社会发展到一定阶段才出现的产物。可以断言，在漫长的原始社会，生产力十分低下的情况下，是不可能产生文字的。只有当人们生产的东西除了满足个人生活最起码的需要外，还有剩余物资出现时，也就是当原始人群由氏族发展到部落、部族时，阶级开始分化，由于人类交际的需要和物质条件的许可，文字才有可能产生。一句话，文字是产生在原始社会解体、阶级社会正在出现的时候。

根据我国考古工作者的发现，跟汉字起源有关的最古的资料主要有两种：一种是原始社会晚期的仰韶、马家窑、龙山和良渚等文化的记号，一种是原始社会晚期的大汶口文化的象形符号。

1975年前后，从陕西西安半坡仰韶文化遗址出土的陶器上，发现刻有许多记号。例如：

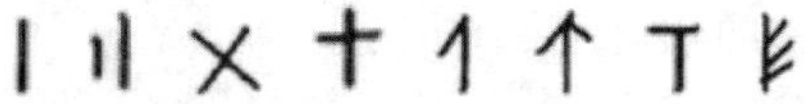

半坡早期距今六千年左右。

二十世纪七十年代，在青海乐都柳湾马家窑文化马厂类型墓葬中出土的陶壶上，也画有不少记号。例如：

马家窑文化略晚于仰韶文化。

浙江杭州良渚文化出土的陶片上也刻有记号。例如：

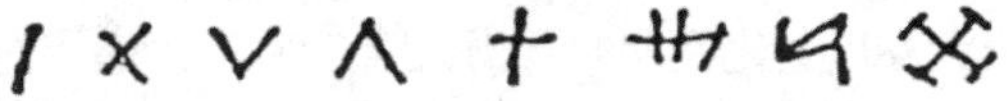

良渚文化也略晚于仰韶文化。

龙山文化发现刻有记号的还不多，只有下列三个：

总之，这些陶器上的符号，虽然不是任意的刻画，但绝不就是文字，而只是一种具有一定意义的记号，正如郭沫若指出的，可能是一种“花押或族徽之类”的东西。当然，它们对汉字的形成可能有一定的影响。

1974年，在山东莒县陵阳河遗址出土的陶器上发现四个象形符号：

同时还在山东诸城前寨遗址的陶器上也发现一个残缺的象形符号，同上面第四个相似：

这是属于大汶口文化晚期的器物，距今四千多年。这些象形符号显然同前面列举的仰韶、马家窑、良渚、龙山诸文化的记号有着不同的风格。把这些象形符号同甲骨金文相比较，可以看出二者的关系很密切。第一例象钺形。甲骨金文的钺字跟它近

似。例如：

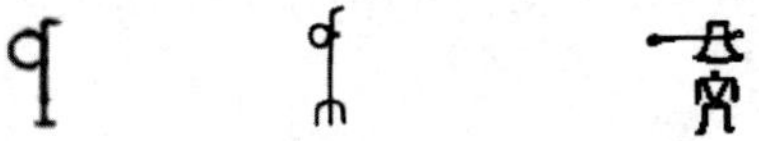

（甲骨文）（戉父癸甗）（《金文编》804 页）

特别是《金文编》所载的族名金文上面所从的“戉”与之最相似。第二例象斤（一种斧子）形，甲骨金文跟它近似。三、四两例中的○象日，象火焰或云气，象山峰形。唐兰释作“炅（音热）”，加“山”是繁体；于省吾释作“旦”，“昍”是繁体。这四个符号，看来都是作族名用的。它们已经同有声语言里的词联系起来，不再是非文字的图形，而是原始文字了。根据史学和考古工作者的研究，大汶口文化晚期，生产已经相当发达，阶级分化已经比较明显，这时已经具备产生文字的需要和可能。

文字从刚产生到能记录成句的话、成段的文辞，必然要经过很长一段时期。汉字发展到殷商时代的甲骨文，已经是一种相当完善的文字体系了。这中间经过上千年，乃至一两千年的发展过程，是完全必要的。从出土的历史文物看，汉字已有了四千多年的历史，它产生在原始社会末期，这是无可否认的事实。

二、汉字起源的传说及其谬误

关于汉字的起源，战国时代就受到人们的注意，一些传说一直影响到现代。

一种是结绳说。《易·系辞》："上古结绳而治，后世圣人易之以书契。"又说庖牺氏"作结绳而为网罟，以佃以渔"。汉代郑玄注："结绳为约，事大，大结其绳；事小，小结其绳。"这本来只是说，在文字产生以前，人们靠结绳来记事。《周易》不过记录了古代的传说。可是东汉以后，不少人却附会为文字是起源于结绳。近人朱东莱在《文字学·形义篇》中还说："文字之作，肇始结绳。"刘师培在《小学发微》里更荒谬地提出："三代之时，以结绳合体之字，用为实词；以结绳独体之字，用为虚词。举凡圈点横直之形，皆结绳时代之独体字也。"这种说法说明他们不仅不懂得文字，而且不懂得结绳的方法。结绳怎么能结成文字呢？主张文字起源于结绳的人是把帮助记忆的工具同交流思想的交际工具混同起来了，也不懂得文字同语言的关系，所以是毫无道理的。

另一种是八卦说。《易·系辞》说："古者庖牺氏之王天下也，仰则观象于天，俯则观法于地，观鸟兽之文与地之宜，近取诸身，远取诸物，于是始作八卦，以通神明之德，以类万物之情。”看来《易·系辞》的作者并没有把八卦就看成文字，而只是把它当作能“通神明之德”“类万物之情”的象形性符号。到了魏晋间，伪造孔安国《尚书传》的人，在《尚书·序》中说：“古者伏牺氏之王天下也，始画八卦，造书契，以代结绳之政。”虽把八卦和书契（文字）相提并论，也没有把八卦就当成文字。把八卦附会成文字，大概是宋以后的事。郑樵在《通志·六书略》中说：“文字便从（纵）不便衡（横），坎、离、坤，衡卦也，以之为字则必从。故☵必从而后成水，☲必从而后成火，☷必从而后成巛（災）。”这就是直接把八卦看成文字的起源。郑樵的话显然十分牵强，他一点不懂古文字，完全用宋代通行的楷书来进行附会。八卦大概是从事占卜活动的巫根据算筹制作的一种代表卦爻的符号，用来象征各种事物，含有古人朴素的辩证观点；但是后来附会以鬼神迷信，长期成为统治阶级自欺欺人的工具。它同记录汉语的符号体系汉字完全是两回事。

汉字起源传说中，影响最深远的是仓颉造字说。《韩非子·五蠹》说：“仓颉之初作书也，自环者谓之私（厶），背私谓之公。”《吕氏春秋·君守》说：“奚仲作车，仓颉作书。”秦以前还只盛传仓颉造字，到了汉代就造出了一些荒诞的故事，把仓颉造字极力神化。《淮南子·本经训》说："昔者仓颉作书而天雨粟，鬼夜哭。"《春秋演孔图》说："仓颉四目，是谓并明。"《仓颉庙碑》说："天生德于大圣，四目灵光，为百王作书，以传万世。"总之，是把仓颉描绘成与众不同的天生圣人，他创造文字的行动简直是惊天地，泣鬼神。其实早在战国时代，荀子就提出了不同意见，他说："故好书者众矣，而仓颉独传者，壹也。"（《荀子·解蔽》）荀子只承认仓颉有整理文字的功劳，并非唯一的造字者。今天来看，有无仓颉其人，都是一个问题。因为春秋战国离汉字起源的时代已经有一两千年，怎么能把这时的传说就当成信史呢？任何一种文字，绝非某一个天生的圣人创造的，这已经是最普通的常识了。汉代统治阶级制造一些关于仓颉造字的无稽谎言，无非是要极力把文字神圣化，来为特权者垄断文字提供理论根据。

三、汉字是人民群众的集体创造

文字是由图画逐渐发展演变成的，它是人民群众长期社会生产实践的产物。图画同音乐、舞蹈一样，是在劳动过程中产生的，是人类从劳动中得来的认识、思想、情感的体现。图画、音乐、舞蹈既是人类劳动之余的艺术享受，又是人类交流生产经验、进行自我教育的工具。原始人的绘画，常常以渔猎的对象和劳动的形象为题材，这正是图画产生于劳动的证据。文字画是图画发展成文字的第一步。例如图一是在西班牙阿尔他美纳山洞入口处发现的壁画之一，野牛的形象逼真，是旧石器时代后期的艺术杰作，时代约在一万年以前。图二也是在西班牙发现的一幅壁画，表现猎人用弓箭射鹿，时代约在一万年以前。图三是一幅刻画在美国新墨西哥高崖附近峭壁下的文字画，意思是羊可以上去，马却要跌下来，目的是告诉人们从这

图一　静立的野牛
（《古代世界史参考图集》）

图二　弓箭射鹿
（《古代世界史参考图集》）

图三　危崖警告
（蒋善国《汉字的组成和性质》）

里攀登需要特别小心。

中国的文字画没有流传下来，但是，关于汉字的起源，曾盛行过“河图”“洛书”的传说。《易·系辞》说：“河出图，洛出书，圣人则之。”沈约注《竹书纪年》说：（黄帝轩辕五十年秋七月）“龙图出河，龟书出洛，赤文篆字，以授轩辕。”这很可能是渔猎时代人们在黄河、洛水某处山崖边发现过或猎取过巨型的爬虫或大龟，于是刻画在石崖上，告诉人们这里有龙或龟这种猎获物。事隔多年后，被人们发现了，于是附会成是天赐圣王以创造文字的蓝本。透过这种传说的表象，我们可以窥见汉字和文字画的关系。文字画的意义不是十分明确的，因为主观的表达方式同客观理解之间是存在矛盾的。由文字画发展成图画文字（最初的象形字）是一个飞跃。图画文字与文字画最本质的区别是：图画文字与有声语言联系起来了，一定的图形代表语言中有固定声音、固定意义的词，这就排除了文字画理解中的任意性。

从图画到文字画，又从文字画到图画文字，再发展成文字体系，必然经过千百年，甚至几万年广大人民群众的集体创造才能完成。在整个文字体系形成的过程中，许多人成了个别字的创造者。一个字创造出来以后，只要被社会公认，必然传播开去，流传到后代，也就约定俗成。经过千百年的积累，才可能出现能记录整句话、成段文辞的文字体系。

汉字从大汶口文化晚期的原始文字到殷代的甲骨文也有一千多年。大汶口的几个原始文字出自“陶者”之手，虽然不见得就是他们的创造，但说明当时文字是掌握在劳动人民手中的。由人民群众千百年集体创造的汉字，到后来才被统治阶级所垄断，成为他们的专利品。即使到了甲骨文时代，汉字也还没有定型化，一个字有许多种写法，既不拘笔画的多少，又不拘位置的反正上下；既不论形体的繁简，又不论形象的异同。这都说明汉字绝不是一人一手所创造的。汉字是人民群众的集体创造，绝没有什么天生就会造字的圣人，这是历史事实。

第三章 汉字的发展

一、从象形、表意到标音

汉字从图画蜕变出来后的早期的图画文字，没有被大量发现。但是殷代的金文中，有些表示族名或作器者的象形符号，却保存了毕肖原物的特征，可以看作图画文字的遗留。例如：

（象且辛鼎）（马戈）（牛鼎）（鱼爵）

这种图画文字虽然和实物非常相像，但用起来很不方便。人们于是对它进行简化，减少它的图画性，加强它的符号性。甲骨文写成：

（象） （马） （牛） （鱼）

用简单的线条勾画出事物的轮廓或者有特征的部分，这比原来简便省事得多。不管怎样简化，象形字必得象事物之形，因此，总是采取写实的方法。可是客观事物纷乱复杂，具体事物有形可象，而抽象事物却画不出来，于是只得采取表意的方法。例如“上”“下”，怎样画出这两个抽象概念呢？画不出来。于是用一长画表示地面或某一事物，再用一短画指明是在它之上，还是在它之下，组成“𠄞”“𠄟”两个字来记录语言中这两个词。由于“𠄞”“𠄟”容易同数目字“二”相混，后来繁化成“上”“下”。又如“本”“刃”，虽不是抽象概念，但树木和刀子好画，而树木的根部和刀的锋刃却不好画，画出来也不容易确定意义。因此在木下加一短画作“本”，指明是树木的根部；在刀口处加一短画作“刃”，指明是刀的锋刃。这就是用一些符号或者在象形字上加符号的象征方法来造字，古人称这种造字方法造出的字为“指事字”。指事字的产生，突破了象形字写实的局限，使文字发展向前推进了一步。但指事象征的方法也有很大的局限性，它所能造出的字仍远远不能满足语言和社会发展对文字的要求。不过指事字已由象形过渡到表意，这给人们造字提供了很大的启发。因为既然可以在象形字上加符号构成一个新字，那么自然也可以在象形字上加上另外的象形字构成一个新字。两个或两个以上的象形字或指事字拼合在一起，把它们的意义结合成一个新的意义，这就是古人称作的“会意字”。例如：（步），是两个“止”字相承。“止”是趾的初文，本义是脚。两脚相错，表示步行。（休），由一个“人”字和一个“木”字组成。人依树旁，表示休息。（莫），“暮”的初文，由一个“日”字和一个“茻”字组成。日落草莽，表示时间已到傍晚。（祭），由“又”“示”“肉”三个偏旁组成。“又”表示手，“示”为古祇字，用手拿着肉在神前，表示祭祀。这种把两个以上的字拼合起来构成新字的表意方法，确实比象形、指事所能表达的范围宽广一些，能创造出更多的字。因此，据清人朱骏声统计《说文解字》，其中象形字只有三百六十四个，指事字只有一百二十五个，而会意字却有一千一百六十七个。总之，从象形到表意是汉字发展过程中一个重大的进步。如果只有象形字，汉字是不可能记录成句的汉语的；只有发展到表意的阶段，汉字才可能形成初步的文字体系，才有可能记录成句的汉语，或勉强记录成段的文辞。

但是，表意的方法也仍受着很大的约束。因为语言用它的声音来反映客观事物，包罗客观世界的一切方面。在语言中有表示事物共性的词，也有表示事物个性的词；有表示具体概念的词，也有表示抽象概念的词；有实词，也有虚词。这些词不是表意方法都能一一创造出字来记录的。例如“木”这个大概念（**共名**），我们可以画一个树木的轮廓来表示它；可是树木有千百种，桃、李、梅、杏、柑、橘、松、柏、杨、柳、杉、樟、桐、梓等等，又怎么用两个以上的字组合起来分别会意呢？又如一些心理活动，都是抽象概念，思、想、念、虑、怀、忆、忘、惑、忿、怒、怨、恨、恐、惧、悲、愁等等，更不是会意的方法所能造出这些字来的。文字既然是记录语言的符号，就必须跟语言密切结合。从表意到标音，是汉字发展的必然结果。因此，随着汉字的演进，会意字逐渐退居次要的地位，而标音的形声字成为汉字的主流。

形声字由音、义两部分组成，一半表示意义范畴，一半表示声音类别。例如：江，从水，工声，本义是长江；河，从水，可声，本义是黄河。左边的“水”表义，即说明它们都属于河流这一意义范畴；右边的“工”“可”表音，即说明它们的声音与“工”“可”近似。“工”与“江”、“可”与“河”古音更接近一些，由于语音的发展，现在它们的声音差别就很大了。任何一个概念，不管是具体概念，还是抽象概念，都可归属于一个意义范畴；至于表音的声符，完全不受意义的限制，任何一个字都可以找到与它同音或音近的字作声符。因此，形声字产生后，具有很强的生命力，成为汉字创造新字最主要的方法。汉字在甲骨文时代就已经有了百分之二十的形声字，说明当时已由纯粹表意文字向标音文字过渡。《说文解字》所收九千三百五十三个字中，据朱骏声统计，形声字有七千六百九十七个，占了百分之八十二以上。现行汉字，形声字更占了百分之九十以上。汉字从表意发展到标音，可以说是一次重大的质变。它使汉字成为一个完整的文字体系，基本上能满足汉语对它提出的要求。几千年来，汉字就停留在这种表意兼标音的阶段。

为什么汉字长期停留在表意兼标音的形声字阶段，而没有再进一步发展成完全表音的拼音文字呢？这可能有两方面的原因：一是跟汉语的性质特点有关。汉语没有形态变化，古汉语的词汇又是单音节占优势，双音节词虽也不少，但以复合词为主，词素本身具有意义。词或词素是一个音节，用来记录它的汉字也是一字一音，形、音、义三者统一在一个汉字中，采用表意兼标音的形声字具有区别同音字的优点。这是适应古汉语的性质特点的。二是中国社会长期停留在封建社会，文字为少数人垄断，统治阶级的保守性也是阻碍汉字向拼音化发展的重要阻力。

二、假借字和古今字

在汉字使用的过程中，产生了一种假借的方法。许慎在《说文解字·叙》中说：“假借者，本无其字，依声托事。”这就是说，汉语中某些词，本来没有为它专门造字，而是依照它的声音借用一个同音字来代表它。这种被借用的字就叫作假借字。

同音假借的办法，正是由于汉字表意的造字法不能满足汉语对它提出的要求而产生的用字方法。这是汉字由表意向表音方向发展的重要体现。它也许比标音的形声字产生得更早，可惜古人没有沿着这一方向为汉字创造出一套拼音文字的方案，而是走上了标音的形声字的道路。

假借字在甲骨文中就被大量使用。例如：“其自东来雨？”（《卜辞通纂》三七五）这句话中五个字就有四个是假借字。“其”是“箕”的初文，甲骨文作，象箕的形状。这里借作语气副词。“自”是“鼻”的初文，甲骨文作，象鼻的形状。这里借作介词。“东”（東）在甲骨文里作，象束物之形，当是囊橐的“橐”。这里借作方位名词。“来”（來）在甲骨文中作，象麦形，是“麳”的初

文，本义是大麦。这里借作动词。四个字的本义都与这句话丝毫无关，在句中只是借用它们的声音来记录另外的词。

有了同音假借的办法，就可以用较少的字记录语言中较多的词。甲骨文中假借字多，正是当时字少的缘故。古代字少，后来逐渐增多，这是很清楚的事实。出土的甲骨文，使用的单字共四千六百七十二个（据《甲骨文编》），已识的有一千零几个；《说文解字》收字九千三百五十三个，僻字不少，常用的只有三四千个；《康熙字典》收字四万七千零三十五个，比《说文解字》增加四倍。字数增多，固然有多方面原因，但是假借字逐渐被后造字所取代也是重要原因之一。例如，上古一个“辟”字兼有后代“避、辟、僻、嬖、譬”等字的意义：

姜氏欲之，焉辟害？（《左传·隐公元年》）

（后来写作避。）

辟田野，实仓廪。（《荀子·王制》）

（后来写作闢。）

行辟而坚。（《荀子·非十二子》）

（后来写作僻。）

友便辟，友善柔，友便佞，损矣。（《论语·季氏》）

（后来写作嬖。）

君子之道，辟如行远，必自迩。（《礼记·中庸》）

（后来写作譬。）

一个字“兼职”过多，容易引起意义的混淆，加以形声字表意兼标音方式的强大影响，于是给兼职的字添加偏旁来加以区别。由一个“辟”字分化出五个新字，正是添加偏旁的结果。这样，本来不受形、义约束的完全表音的假借方式，又成了半标音半表意的形声字，从而扩大了形声字的数量。

一个字分化成两个或两个以上的字，分化字与原字出现的时间必然有先后。这种现象人们就把它叫作古今字。古字出现在前，即原字；今字出现在后，即分化字。古今字很多，下面举一些例子（古字在前，今字在后）：

a. 説悦 責債 弟悌 閒間 孰熟 竟境

赴訃 馮憑 賈價 屬囑

b. 舍捨 共供 自鼻 知智 昏婚 田畋

戚慼 反返 錯措 卷捲 其箕 云雲

a组的今字不见于《说文》，b组的今字收录在《说文》中。对于《说文》未收的a组中的今字，文字学家们都认为是后起字，不成问题；对于《说文》中所收的b组中的今字，从前的文字学家由于迷信《说文》，却不敢认为是后起字，反而认为是原有的本字，这是不对的。

由假借而分化出后起字，有两种情况：一是为假借义另造新字，如上举例字中的“悦、债、悌、間、境、訃、憑、價、囑、捨、避、智、婚、畋、感、返、措、捲”等都是，这种情况占大多数。一是为本义另造新字，如“熟、懸（縣）、燃（然）、腰（要）、鼻（自）、箕、雲”等，这种情况较少。

在假借字中，也有只用借字不另造新字的，还有借义行而本义废的。例如：

耳　《说文》：“主听者也，象形。”本义是“耳朵”，借作句尾语气词。本义与假借义并行，不另造新字。

果　《说文》：“木实也。从木，象果形在木之上。”借作果敢的“果”，《左传·宣公二年》：“杀敌为果。”本义与假借义并行，不另造新字。

我　甲骨文作、，本是一种武器，借作第一人称代词。假借义行而本义废。

而　《说文》：“须也，象形。”本是胡须的象形字，借作连词。假借义行而本义废。

这种情况大多出现在借作表语法意义的虚字。

以上都是“本无其字”的假借，还有一种“本有其字”的假借。这就是说，语言中的词，本有记录它的字，由于写书或抄书的人一时笔误（等于写别字），写了一个同音字，相沿下来，得到社会的承认，或者由于地方习惯，写成了另一个字。例如，“早”写成“蚤”、“飛”写成“蜚”（《韩非子·外储说左上》：“墨子为木鸢，三年而成，蜚一日而败”）。它们不牵涉到汉字的发展，这里不多谈。

三、异体字、简体字和同源字

语言中一个词按理只需要一个代表它的字，可是汉字中往往有两个以上的字，声音意义完全相同，在任何情况下都可以互相代替。鲁迅笔下的孔乙己曾说“回”字有四样写法，《鲁迅全集》第一卷注释：“据字书所载，回字只有三种写法：回、囘、囬。”（484页）《现代汉语词典》也只收这三种写法。（六版576页）鲁迅写《孔乙己》时，人们大概也只知道这三种写法。这种同音、同义而异形的字就叫作异体字。1986年出版的《汉语大字典》根据《藏经》增加一个“𡇈”（717页），显然系讹体，不被重视，肯定不是鲁迅写作时的依据。

鲁迅为了讽刺孔乙己的迂腐，就把他跟章炳麟学《说文》时的古文形体回也拉了进来。

异体字从来就存在。甲骨文中有的字多至几十种写法，金文中异体字也不少。这是因为文字是人民群众所创造的，在字的形体方面不能那么整齐划一，同一个词造出两个或更多的字来代表它是难免的。当时并没有谁定出统一的规范，因此，到战国时代，更是“言语异声，文字异形”（《说文解字·叙》），这必然要影响正常的交际。秦始皇统一文字，重要的内容之一，就是废除异体字；但经过整理的小篆，《说文》中仍收录了不少异体字。例如：

 （球 璆）

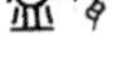 （玩 貦）

 （羴 羶） 今作“膻”。

 （鷬 難） 简化作“难”。

 （盌 瓷） 今作“碗”。

楷书通行以后，历代都实行文字规范，也有了字书，这固然起了一定的约束作用。但中国历史悠久，地域辽阔，不可能人人都遵守规范，民间的异体字仍有增无减。历代的字书、韵书都收录了不少异体字。例如：

體 躰 軆（简化作“体”）

（录自《玉篇》）

襪 韤 帓 妺（简化作“袜”）

（录自《一切经音义》）

醫 毉 醷（简化作“医”）

備 僃 俻（简化作“备”）

（录自《干禄字书》）

啼 嗁 唒 嗁 渧（简化作“啼”）

飲 歙 汆 飡 飮 湌 酓（简化作“饮”）

（录自《集韵》）

寶 寳 寚 保 宝 寳 鋈 寶 珤 琏 珏 宋 宲 寚（简化作“宝”）

无 無 旡 橆 森 森 燕 栗 燕 亡 舞（简化作“无”）

（录自《康熙字典》）

《康熙字典》收字近五万，固然是随着社会和语言的发展，收了不少已经死亡的字，也收了不少记录新词的新字；但异体字多，也是字数大量增加的重要原因。异体字在《康熙字典》中占总收字数的三分之一左右（据四川、湖北《汉语大字典》组油印数据粗略统计）。

从古书上看，异体字可以分为两大类。一类是两个字同样常见。例如：

詠咏 睹覩 綫線 岳嶽 歎嘆 凴凭 俯俛 鷄雞
雁鴈 詒貽 剩賸

另一类是一个字常见，一个字罕见。例如（常见字在前）：

棄弃 確确[1] 驅敺 地墬 俯頫 協叶 時旹 蚓螾

有些异体字，在一般书籍中罕见，但在个别古书中则是专用字。例如：《易经》以“无”为“無”，《汉书》以“迺”为“乃”，以“毉”为“醫”（医），以“舩”为“船”等。

从形体结构来看，异体字也可以分成几种情况：

1. 形声字和会意字的差别。如“嶽”是形声字，“岳”是会意字；“憑”是形声字，“凭”是会意字；“淚”是形声字，“泪”是会意字。

① 汉字简化后，“弃、确”等罕见字反而成了通用字。

2. 义符不同。如“詠咏、睹覩、歎嘆、鶏雞、雁鴈、詒貽、驅敺”等。

3. 声符不同。如“綫線、確确（‘隺’读hú，古音近确）、時旹（㞢即之）、蚓螾”等。

4. 义符和声符都不同。如：“賸”，从贝，朕声；“剩”，从刀，乘声。

5. 偏旁位置不同。如“慚慙、和咊、鵝鵞鵞”等。有的是改变了声符或义符的写法。如“雜”字本写作“褋”，从衣，集声；后来写作“雜”，“衣”只占左上角，“集”下的“木”搬到了左下角。简化作“杂”。

异体字在汉字发展过程中长期存在，这与汉字是一种表意文字密切相关。一个字既可以采用会意的方法，又可采用形声的方法；同是形声字，采用什么义符或声符也有多种可能性，并没有必然的联系。人们可以依照自己的主观想象为一个字创造出多种形体；加上封建社会政治、经济的地域分散性和文化的不普及，这些就是异体字不断产生并长期存在的客观条件。

至于简体字，实际上原是异体字中符合简化要求的一部分字。文字总是要求书写方便的，在汉字发展过程中，人们力求简化，创造了不少简体字。繁简并存的局面，从甲骨文时代就开始了。例如：

（虎）

（帚）

战国时期产生了大量简体字，广泛应用在陶器、钱币和兵器上。例如：

（曹）

（法）

（城）

此后，历代都产生许多新的简体字。例如：

汉：　壽寿　國国

六朝：與与　亂乱

唐：　憐怜　蟲虫

宋：　親亲　舊旧

简体字有利于人民群众掌握文化，符合汉字发展的总趋势，但是在古代长期不被正式承认，而被斥为俗字，正式的文书典籍一般是不使用它的，只在民间广泛流行。

中华人民共和国成立后成立了中国文字改革委员会，1956年公布《汉字简化方案》，包含515个简体字和54个简化偏旁。这样就形成了简体字和繁体字两个系统。简体字的来源可分为四类：（1）古字，包括古本字，例如：云（雲）、电（電）；古同字，例如：礼（禮）、尔（爾）。（2）俗字，即流传已久的简体字，例如：体（體）、声（聲）。（3）草书楷化，例如：书（書）、为（爲）。（4）新造字。例如：灭（滅）、从（叢）、拥护（擁護）。

汉字随着汉语的发展还产生一种同源字。在语言中，由于词义的引申，一个词往往发展成两个以上的词。例如："朝"本来是早晨的意思，后来早上去见君主也叫"朝"（"旦见君曰朝，暮见君曰夕"），于是"朝"发展成"早晨"和"朝见"两个意义。作早晨解的"朝"和作朝见解的"朝"读音不同，可能是后来的事。由朝见再引申为朝廷，由朝廷再引申为朝代。从语言的角度看，这应该是同一来源的几个不同的词了；但是，作为汉字仍然使用同一个形体。这就还只是语言问题，叫作同源词。如果随着语词的分化，汉字也分化成不同的形体，例如早晨上涨的海水叫"潮"，傍晚上涨的海水叫"汐"，"潮汐"是由"朝夕"分化出来的，"朝"和"潮"、"夕"和"汐"就叫作同源字。同源字从字形上看，可以分成两大类。例如：

a. 長（长短） 張（拉紧弓弦） 漲（水面增高） 帳（张开在床上的用具）

沽（买或卖） 酤（买酒或卖酒） 估（市税，估价）

息（止息） 熄（火灭）

古（古今） 故（故旧） 詁（解释古语）

b. 比（比并） 妃（后妃） 配（配偶） 匹（匹敌）

枯（草木缺水） 涸（江河缺水） 渴（人缺水欲饮）

讀（阅读） 誦（朗诵）

a类声符相同，b类声符不同。声符相同的同源字，大多是后起的分化字。例如，买（或卖）酒本来写作“沽”，为了与一般的买卖区别，后来写作“酤”。声符不同的同源字的产生，可能是由于语言中的同源词常常以某一概念为中心，而以语音的细微差别来表示相近或相关的几种概念，于是造了几个完全不同的字来记录它们。

同源字必定是音义皆近，或者音近义同；但是对音、义的考察，必须从古音、古义（即本义）去了解。例如，“长”和“张”，如果用引申出来的今义去了解，“张”是展开的意思，就很难看出它和“长”的意义联系了。又如，“读”和“诵”，今音差别非常大，但古音相近，在上古“读”是屋部字，“诵”是东部字，阳入对转，又都是舌齿音。

同源字是汉字发展过程中，为了区别同音字而产生的，它增加了字数，是汉字繁化的现象之一。但作为表意文字，却有它存在的必要性，这和异体字徒然增加学习负担的情况是不同的。

第四章　汉字形体的演变

一、形体演变概述

从殷商时代起，三千多年来，汉字的发展变化，除旧字的死亡、新字的产生、结构的变化外，在书写体式方面也经过多次的重大变化，形成好多种字体。早在秦代，人们就对字体作过分类。《说文解字·叙》说："自尔秦书有八体：一曰大篆，二曰小篆，三曰刻符，四曰虫书，五曰摹印，六曰署书，七曰殳（shū）书，八曰隶书。"大篆、小篆两种字体，有时代的先后，形体的繁简。刻符是刻铸在符信上的文字，摹印是印章上的文字，署书是签署用的文字，从传世的文物来看，这三种文字只是用途不同，字体都是小篆。虫书也叫作鸟虫书，是一种带鸟形、虫形的图案文字，基础还是小篆，多用在兵器上。殳书是兵器上的文字，字体是比较草率的小篆。隶书是秦代一种新兴的字体。因此，八体实际上只是战国时代的秦国和秦王朝使用的大篆、小篆、隶书等三种字体。魏晋以后，许多人对字体进行分类，标新立异，巧立名目，有多至一百体、一百二十体的，这与字体演变完全无关，不在本书讨论之内。通行的分类，有“真草隶篆”四体，这比较正确地概括了汉字形体的几次重大变化。

从商代到现在，汉字的形体经历了两次最大的变革：第一次是由篆书变为隶书，第二次是由隶书变为楷书。通常把小篆以前的文字总称为古文字，包括甲骨文、金文、六国古文、籀文、小篆；隶书是汉字形体演变史上的重要转折点，是古文字演变成现代文字的分水岭；楷书是从隶书演变出来的，通行至今，成为一千多年来的正式字体；草书是各种字体的自然简化，是它们的写得潦草的形式；行书是介乎楷书和今草之间的形式，是一种通行了一千多年的手写体。

汉字形体的演变是由近似图画的写实象形变成由笔画组成的符号，主要是笔势的变革，即笔画姿态的变革。例如：

（甲骨文） （金文） （小篆）

好（隶书） 好（楷书） 好（行书）

从甲骨金文到楷书、行书，“好”字的结构没有变化，但笔势却起了很大的变化。隶变以后，已经看不出原来的象形面貌了。形体的演变，总的趋势是由繁趋简，小篆比甲骨金文和籀文简便，隶书比小篆简便，楷书、行书又比隶书简便。

二、甲骨文

甲骨文是商代的文字。甲指龟甲，骨指兽骨。由于这种文字是刻写在龟甲或兽骨上，所以叫作甲骨文。甲骨文大都是商王朝当时占卜吉凶的记录①，因此又称作甲骨卜辞。

这些甲骨埋在河南安阳西北洹水边上小屯村一带的地下三千多年，直到1899年（光绪二十五年）才被人们发现是极有价值的文物。据说当初农民翻地时发现一些甲骨，把它当作药材，叫作龙骨，卖给药店。1899年王懿荣因患疟疾，买来药物，其中有龙骨，他发现上面有字，认为是古物，于是把药店刻有文字的龙骨全部买了下来。消息传开，争购甲骨成风。后来有组织地发掘了十多次，出土了大量甲骨，形成了新兴的甲骨学，揭开了文字学、考古学的新篇章。小屯一带本是商代后

① 新中国成立后在河南郑州、洛阳和山西洪赵县、陕西西安等地也发现有字甲骨，陕西周原甲骨卜辞，记载周文王时代的事。

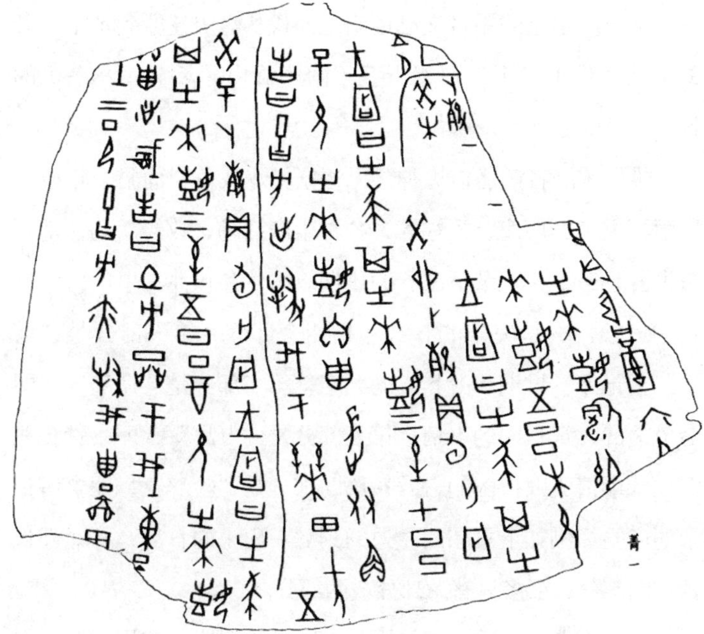

图四　甲骨（罗振玉《殷墟书契菁华》）

释文：（1）癸巳卜，壳贞：（2）旬亡囚（祸）？（3）王占曰：㞢（有）祟，其有来媗（艰）。（4）乞（迄）至五日丁酉，允㞢（有）来媗（艰）自西。沚𦓐告曰：土方正（征）于我东啚（鄙），𢦏（灾）二邑；𢀛方亦牧我西鄙田。

期盘庚迁殷以后的都城遗址。《史记·项羽本纪》说：“项羽乃与〔章邯〕期洹水南，殷虚上。”文中的“殷虚”指的就是这个地方。出土的甲骨文已证明是商代从盘庚迁殷到帝辛（纣王）共八代十二王二百七十三年间（前1300至前1028年）的卜辞。

殷代统治者最迷信鬼神，无论祭祀、战争、渔猎、年成、风雨、灾害、疾病、祸福等，各种生产活动、政治活动，都要事先占卜一下，记录下占卜的日期、事件和预兆，事后再记下它的应验。一篇完整的卜辞包括四个部分。第一部分是“前辞”，记占卜日期和占卜人的名字；第二部分是“命辞”，即命龟之辞，记卜问的事情；第三部分是“占辞”，即察看卜兆而预计事情成败吉凶的言辞；第四部分是“验辞”，即事后记录的应验。例如上页图四左边的刻辞。出土的卜辞，并非都包括这四部分，很多只有一部分或两部分。

几十年来，前后出土的甲骨有十五六万片，使用的单字有四千多，能够确实认识的已超过一千字。从出土的甲骨文来看，汉字当时已发展成相当成熟的文字体系，后人所谓的“六书”——几种不同形体结构的字，在甲骨文中都已有了，形声字约占百分之二十，同音假借广泛使用。因此，商代奴隶社会的政治、经济、军事、文化、社会组织、风俗习惯等各方面的情况，都能用这种文字作为书面语言反映出来，成为我们今天研究古代奴隶社会的极其珍贵的文献资料。但是甲骨文毕竟是早期的文字，同后代的籀、篆、隶、楷有相当大的差异，主要表现在以下几个方面：

1. 在很大程度上还沿用图画写实的手法，有不少字保留了图画文字的特点。例如：

这些字形象逼真，一望就知道是马、鹿、鸟、鱼、龟等动物。即使是会意字、形声字，也是以象形符号作为基础。例如：

 “步”字，画的是两只脚，一前一后，表示步行。

 “为”字，是画一只手和一头象，表示人驱使大象干活，有所作为。繁体作“爲”。

 “伐”字，是画一支戈砍在一个人的头部，表示杀伐。

 “凤”字，是画一凤凰的形状，加上一个声符“凡”（）。声符是后加的，繁体作“鳳”。

 “鸡”字，是画一只鸡，加一个声符“奚”。繁体作“鷄”。

 “晵”（晴）字，在会意字“攺”（开门）的基础上加一“日”字，成为形声字。

2. 形体结构没有定型化，同一个字有多种写法。例如：

羊：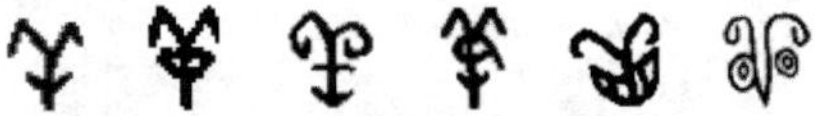

隹：

这两个字的各种写法，不仅笔画多少不一，造型特征也有差别。许多字往往有一二十种写法，“豕”字竟多达四十一种写法。

3. 书写款式没有一定规范，可以正写，也可以反写，还可以倒写、斜写。例如：

豕：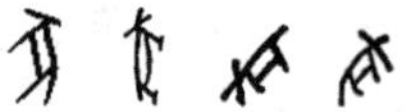

子：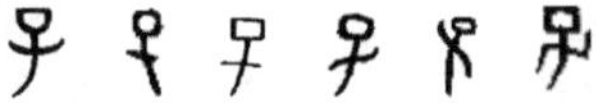

4. 有的字偏旁不固定，可以更换。例如：

牢：（从牛）（从羊）

逐：（从豕）（从鹿）（从兔，非逸）

莫（暮）：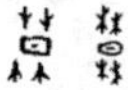

5. 字的大小不一，形体繁的占的面积大，形体简的占的面积小；有些把两三个字结合在一起成为合文。例如：

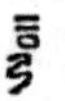 这是“二邑”两个字，“二”字只占不到三分之一的面积，“邑”字占了三分之二以上。

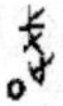 “武丁”的合文。

 “牝牡”的合文。

 “十二月”的合文。

 “辛亥贞”的合文。

甲骨文的字形结构和书法特点在两百多年中有不少发展变化。独体变合体，象形变形声，是字形结构方面的发展。例如，早期的“鸡、凤、星”等都是象形的独体字，晚期多写作合体的形声字。在书法方面，后期逐渐趋于方正，排列均匀整齐，文字端正严整，小字居多，大小较划一，表现出刻写技术的日益成熟。

三、金文

金文是用于铜器上的铭文。商、周两代的铜器出土的以钟鼎为最多，钟是主要的乐器，鼎是主要的礼器，所以又叫钟鼎文。

商、周两代有铭文的铜器已经出土的在四千件以上，其中商代的铜器很少。商代早期有铭文的铜器只有一至六个字，往往是记作器人的族名或名字，或记为某人作器。商代后期的铜器才有较长的铭文，但最多不超过五十个字。西周前期铜器铭文才渐长，铭文最长的毛公鼎多至四百九十七字。殷代和西周的铜器铭文，大多文辞古奥，直到现在有些铭文还不能完全理解。西周末期铜器的铭文已有韵文的形式，春秋时代，韵文渐多。战国以后，青铜器渐被铁器所代替，铸器和勒铭的工艺都渐趋粗糙简略。金文是研究西周和春秋时期文字的主要资料。下页图五是周初天亡簋（guǐ）的铭文。

汉朝就常有铜器出土，《说文解字·叙》说："郡国亦往往于山川得鼎彝，其铭即前代之古文。"但流传不广，连许慎也没见过，因此在《说文》中他一个金文也没有征引。六朝到唐代铜器出土得更多，据张怀瓘《书断》说："往在翰林见古

图五　天亡簋

（北京大学历史系《古文字学讲义》）

释文：乙亥，王又大丰，王凡三方。王祀于天室，降，天亡又（佑）王。衣（殷）祀于王不（丕）显考文王，事喜（饎）上帝。文王監在上，不（丕）显王乍（作）眚（省），丕豨（肆）王乍（作）庸，不（丕）克乞（讫）衣（殷）王祀。丁丑，王乡（飨），大宜。王降，亡勋爵，退囊（让）。隹（惟）朕又（有）庆，每（敏）啟王休于尊殷。

铜钟二枚，高二尺许，有古文三百余字，记夏禹功绩，字皆紫金钿，似大篆，神采惊人。”但这些铜器上的文字，都没有流传下来。

铜器上的铭文受到重视，是从宋代开始的。嘉祐年间（1056—1063年）刘敞在长安收集到大批古器物，写了一部《先秦古器记》。他把器物上的铭刻拓本送给了欧阳修，欧阳修正在作《集古录》，把它收录在书中。可惜《集古录》早已亡佚。但由于刘敞、欧阳修的提倡，北宋研究古器物成为习尚，著录的铜器有六百多件，研究金石的著作有八十多种。南宋和元、明两代，只有极个别人热心于古器物的收藏和研究。清代乾隆以后，铜器出土的数量远远超过北宋，金文的研究盛行起来。清末以来，随着甲骨的出土，古文字的研究受到人们的重视。金文同甲骨文一起，成为研究中国古文字和古代历史的珍贵宝藏。

先秦铜器上的文字，据容庚《金文编》（1959年本）所收商、周两代三千多件铜器铭文用字，已经考释出来的约二千字，没有考释出来的约一千二百字。

金文和甲骨文是同一系统的文字，金文的形体结构与甲骨文相比，没有太大的变化。商代的族名金文写法较保守，比甲骨文更加接近图画。商代金文一般同甲骨文一样，已经大大简化，符号性加强，具有甲骨文在形体结构和书写方面的特点，即象形程度比较高，形体结构没有定型化，书写款式没有完全规范，有合文等。但由于书写工具的不同，甲骨文同金文的书写体势却是有分别的。甲骨文是用刀刻在坚硬的甲骨上，所以笔势方折，笔画单瘦，一般都是细线条；金文是范铸的文字，所以既有方的转折，也有圆的笔道，笔画有粗有细，常有肥笔。例如：

甲骨文

金　文

（父）（正）（家）

西周初期的金文同殷代金文的字体没有多少分别，中期以后逐渐发生变化，西周晚期变化显著。变化的主要趋势是线条化和匀圆整齐，即方形圆形的肥笔为线条所代替，笔画基本是用圆的转折，字形大小整齐。例如：

西周前期：

西周后期：

（天）（王）（又）

经过这样的变化，已经初具小篆匀圆齐整笔画的雏形。文字的象形程度降低了，符号性加强了，书写也比较简便。

春秋后期有些铜器上的文字，由于追求字形美观，往往把笔画拉成细长，故作宛转曲折之势，有时甚至加上鸟形或虫形图案作为装饰，后人称之为鸟篆或鸟虫书。例如：

（用）（吴季子之子剑）

四、六国古文

战国时期是我国社会发生剧烈变化的时代。周王朝完全丧失了统治权力，秦、齐、楚、燕、韩、赵、魏七个诸侯强国，各自为政，征伐兼并，政治经济激剧变化，学术文化蓬勃发展，文字使用越来越广泛，书写工具也有很大改革。在这种情况下，汉字变化迅速，各诸侯国的文字产生了较大的差异。

秦统一天下后，废弃了与秦文不合的六国文字。汉武帝时从孔子住宅的夹壁中发现了一些经书，称作“古文经”。西汉末年古文经学兴盛，人们于是把以孔壁所藏经书作为主要依据的字体称作“古文”。这种古文是战国时期鲁国的文字。许慎作《说文解字》时，收录了古文经中的“古文”五百余字。

六国文字，最可靠的资料是解放后出土的战国文物。战国时期主要的书写材料是竹简和缯（zēng）帛，上面的文字合称简帛文字。写在缯帛上的字，又称帛书或缯书。此外，出土的战国的兵器、印玺、陶器、货币上也有文字，称作战国金文、玺印文字、陶器文字、货币文字，但字数较少。出土的战国文字，主要是写在竹简上的。1949年后在湖南长沙、河南信阳、湖北江陵等地的战国楚墓中，都发现了大批竹简。仅湖南出土的文物，就搜集了一千九百多个结构不同的楚国文字。图六是长沙仰天湖出土的一片竹简。

图六　长沙仰天湖楚简第三简（史树青《长沙仰天湖出土楚简研究》，群联出版社1955年版）

释文：鍊箕一十二箕，皆又絵縺。

六国文字最显著的特点是简体字流行。例如：

	小篆	六国古文
马		（晋）（楚）（齐）（燕）
楚		（楚）
佳		（三晋）（楚）

简体字的大量产生是符合文字演变的总趋势的，但各诸侯国文字演变的具体情况不一致，因而造成“文字异形”的现象很严重，例如上面所举的“马”字。这给我们今天考识六国文字带来较大的困难。

六国文字与甲骨金文在书写体势上有差异，因为这种文字大多是用毛笔写在简帛上，笔画往往前粗后细，形状有点像蝌蚪，所以又叫“科斗文”。《说文》中所收的古文在字形结构上虽然往往与出土的六国文字相合，但书写体势却不完全相同。这是因为许慎作《说文》时，并未见过古文经原本，古文经由于辗转传抄，书法笔势已经失真；并且今天传世的《说文》中的古文，是宋代句中正、王维恭等人师法《魏三体石经》中的古文字体摹写的。它是三国时代伪造的六国古文，书写体势自然不同于原来的六国文字。

《魏三体石经》刻于正始二年（241年）。它是用古文、小篆和隶书把《尚书》《春秋》刻在石碑上，所以叫《三体石

图七　魏三体石经（蒋善国《汉字形体学》）

经》。共三十五块石碑，约十四万七千字。经过一千多年，石碑早已崩毁亡佚，拓本也仅存古文二百多字。1895年以后在洛阳陆续出土了一些残石，存古文计六百多字，去掉重复的，存古文三百多字。新出土的《魏三体石经》如图七所示。《魏三体石经》中古文的笔画两头尖细，实际上并不像头粗尾细的蝌蚪，这完全是书写石经的人没有见过真正的六国古文而附会蝌蚪的名字臆造出来的一种古文字体。

五、秦系的大篆和小篆

篆书是由商、周两代的文字发展而成的，是春秋战国到秦汉之间秦国和秦王朝应用的一种字体。篆书的得名是从写法上来的。《说文解字》说："篆，引书也。"引是引申拖长的意思。当时已用毛笔写字，为了把字写得整齐，需要把笔画的长短疏密配搭匀称，一笔一笔要引长来写，以构成一个完整的形体，所以称作"篆书"。春秋战国时期秦国应用的文字叫作"大篆"，秦统一天下后应用的是"小篆"。小篆是由大篆演变而成的。需要注意，大篆这个名称过去使用的情况比较混乱。有的用来指早于小篆的所有古文字，有的把西周后期的金文和石鼓文叫大篆，有的把春秋到战国初期的各国文字都叫大篆。在这里，我们用它专指春秋战国时代秦国的文字。

秦国的文字流传至今的，首先需要提到籀文。《汉书·艺文志》载"史籀十五篇"，班固在自注里说："周宣王太史作大篆十五篇，建武（东汉光武帝年号）时亡六篇矣。"后来人们就把《史籀篇》流传下来的字体叫作"籀文"，也称"大篆"。《说文解字》在重文里收录了籀文二百二十三字，并在《说文解字·叙》里说："宣王太史籀著大篆十五篇，与古文或异。”从许慎以后，一般都认为《史籀篇》是周宣王时的作品，作者是太史籀。根据近人研究，这种说法是不可信的，籀文应该是春秋战国时代秦国通用的文字。

保存至今的秦国文字还有石鼓文和诅楚文。石鼓文是唐朝初年在天兴县（今陕西凤翔县）发现的十个石碣上的文字。因为石碣的形状像鼓，所以称作石鼓。关于石鼓的制作年代，存在很多分歧的意见，从各方面来看，时代不会早于春秋后期，也不会晚于战国前期。现在，这十个石鼓保存在故宫博物院。石鼓上刻的文字是歌颂田猎宫囿的四言诗，总共六百多字，到唐宋时代已多残缺，现存的字只有三百多个。最完好的拓本是北宋的先锋本，存四百九十一字。图八是石鼓文的拓文选录。

图八　石鼓文（《北京图书馆藏中国历代石刻拓本汇编》，中州古籍出版社）释文：遾（吾）车既工，遾马既同。遾车既好，遾马既駘。君子……

诅楚文共有三种石刻：巫咸文、大沈厥湫文、亚驼文。各三百多字，都发现在宋代。内容都是秦人诅咒楚人，所以合称诅楚文。原石早已丢失，现在只能看到摹刻本。

籀文、石鼓文、诅楚文的字形很接近。它们的共同特点是字形整齐匀称，笔画圆转，继承了西周晚期金文的书写体势，却向匀称、圆转的方向发展了，体势已经与小篆很少分别，只是形体一般比小篆繁复。例如：

小篆本来就叫篆文，汉代人把它叫作小篆或秦篆。秦始皇二十六年（前221年）统一六国后，丞相李斯鉴于战国时代各诸侯国的文字形体差异很严重，影响了政令的通行，于是提出了统一文字的主张，“罢其不与秦文合者”，“皆取史籀大篆，或颇省改”（《说文解字·叙》）。这是汉字发展史上第一次统一文字的运动，由李斯等人搜集了当时通用的汉字，以秦国的文字作标准，加以整理，编成《仓颉篇》《爰历篇》《博学篇》，合称“三仓”，以识字课本的形式颁布全国，作为典

范。这对汉字的发展具有深远的意义。小篆和籀文是一脉相承的，二者在形体上相同的多，不同的少。不同的字也是对籀文的省改。“省”是简省籀文的繁复，“改”是改变籀文某些难写的或奇特的字形。例如：

籀　文
小　篆

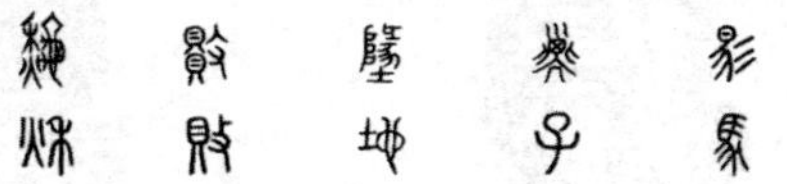

（秋）（敗）（地）（子）（馬）

前二字属于“省”，后三字属于“改”。因为籀文又叫大篆，所以汉代人把这种由籀文省改成的字体叫作小篆。

汉字从商周古文字演变成小篆，经历了一千五六百年。这一阶段汉字形体演变的趋势是由写法“随体诘诎”的不统一变为形体固定，由不整齐变为整齐，由形体繁复纷杂变为简单而有条理。在笔画匀圆整齐化的省改下，有些字形已经丧失了原来象形的面貌，图画性大大减弱，线条符号性进一步加强，成为古文字的最终形式。小篆的特点就在于写法固定，结构整齐，由商周的古文字演变到小篆也就是定型化了。

对于小篆的保存和流传，《说文解字》起了十分重要的作用，它收录保存下来九千三百五十三个小篆的形体；此外秦汉

图九　新郪虎符（《殷周金文集成》）

释文：甲兵之符，右才（在）王，左才（在）新郪。凡兴士被甲，用兵五十人以上，〔必〕会王符，乃敢行之。燔燧事，虽毋会符，行殹（也）。

的金石刻辞也保存了不少篆字。例如图九《新郪虎符》。这个虎符当是秦统一六国前二三十年至前十年的东西，上面的字体已完全是小篆。正好说明这种字体早已在秦国通行，李斯等人不过做了一些整理的工作。

六、隶书

隶书分为古隶和今隶。古隶又叫左书或秦隶，今隶又叫汉隶。今隶由古隶演变而成。汉章帝以后古隶基本上为今隶所取代。

《汉书·艺文志》说：“是时（秦）始建隶书矣，起于官狱多事，苟趋简易，施之于徒隶也。”《说文解字·叙》说：“四曰左书，即秦隶书。秦始皇使下杜人程邈所作也。”汉以后，人们尊奉班固、许慎的说法，于是认为隶书是因为用隶字的人是徒隶（刑徒，即服劳役的犯人），或者认为是因为造隶字的人是徒隶而得名。其实隶书是一种民间创造的字体，早在六国时期就已萌芽。秦汉之间，文字应用日益频繁广泛，由政府规定的正式字体篆书曲折难写，人民群众更乐于采用这种简易的字体；到了汉代，一般通用的就是这种字体，当时就叫“今文”，后来又改名“左书”。“左”就是“佐”，左书就是佐助篆书的意思。它并非“施之于徒隶”，也不是出身于徒隶的程邈个人所创造，程邈最多不过是隶书的整理者。由于统治阶级看不起这种民间通行的字体，给它加上了隶书这种诬蔑性的称呼，相传至今，自然也用不着正名了。

过去，人们大都认为隶书是由小篆演变成的，这也是不正确的认识。其实隶书是由六国古文演变来的。战国时代的货币、陶器、兵器等器物上的文字有的比较潦草，继承了甲骨文的方折形式，这就是古隶的前身。隶书中有很多字是根据六国古文改造的，而不是根据小篆。例如：

古隶通行的时间短，因而流传到后世的很少。下页图十是《二世元年秦铜量铭》。铭辞的字都是方正平直的形式，与笔画匀圆的小篆大不相同，这是最初的古隶。这种方正平直的笔画，并非对小篆匀圆笔画的改造，而是沿用比较潦草的六国古文。

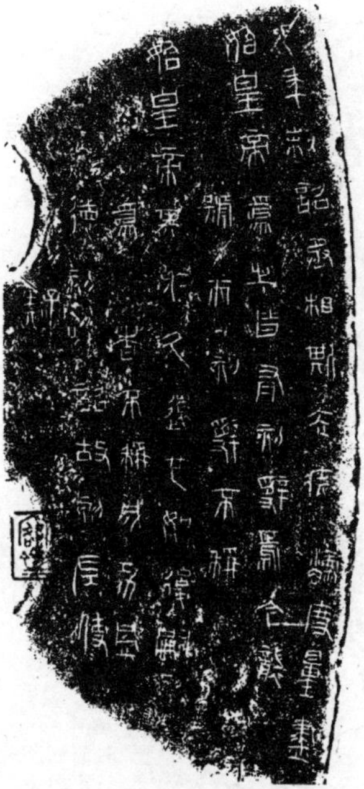

图十　二世元年秦铜量铭（蒋善国《汉字形体学》）

释文：元年制诏丞相斯、去疾：法度量尽始皇帝为之，皆有刻辞焉。今袭号，而刻辞不称始皇帝，其于久远也，如后嗣为〔之〕者，不称成功盛德，刻此诏。故刻左使〔毋〕疑。

今隶是汉朝人把笔势敛束无波的古隶进行改造而成的。今隶的笔势舒展，带有波势挑法。所谓波势挑法就是在撇、捺等长笔画上表现出波折上挑等俯仰的形状。东汉灵帝时刊刻的《熹平石经》是这种字体最重要的石刻之一，如图十一所示（左边是经文，右边是序文）。

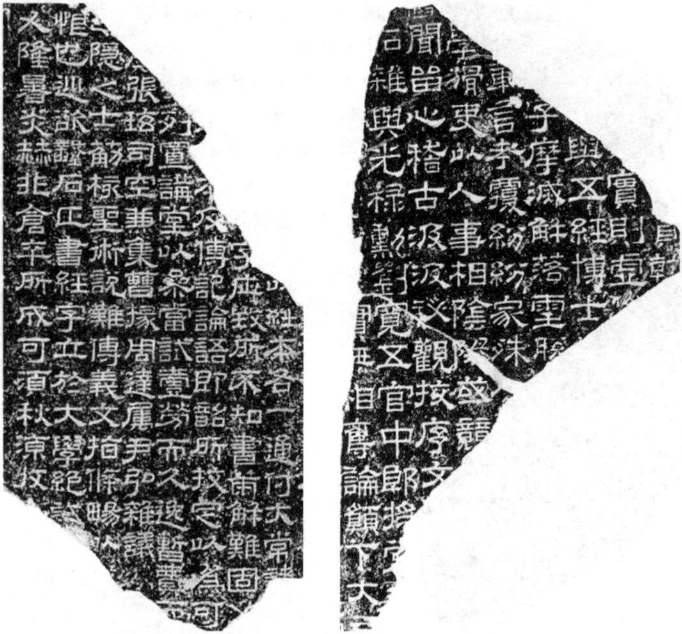

图十一　东汉熹平石经（中国国家博物馆藏拓）

由篆书到隶书，是汉字演变史上重要的转折点，是古文字和今文字的分水岭。经过这次变革，汉字的形体起了根本变化，主要表现在以下四个方面。

1. 隶书将原来不规则的曲线或匀圆的线条改变成方折的笔画，字形方正平直，原来的象形面貌再也看不出来了。例如：

2. 部分偏旁在隶书中随着位置的不同发生了变形，异化成若干不同的形体，使字形结构与原来的形体相去很远。例如：

焚 同单写一样。

煉 右下一笔变成了一点。

赤 变成了小。

烈 变成了四点。

尉 变成了小。

光 变成了业。

黑 上“火”变成了土，下“火”变四点。

鄰 两个“火”变成一个“米”。

一个偏旁“火”在小篆里无论在什么位置都是同一个形体，但在隶书里却异化成了七八个不同的形体。

3. 隶书有时省略小篆的一部分，或者把几个偏旁合并起来，简化成比较简单的笔画结构。例如：

曹　曹　省去一个"東"，并将另一个"東"改为"亩"。
屈　屈　省去"尾"字的"毛"。
書　書　将"者"省作"日"。
寒　寒　将"茻"简化成"共"。
無　無　将整个字的笔画加以省并。

4. 由于偏旁的变形、省略和归并，使得有些不同的偏旁混成为一个。例如：

奉　奉　𡗗由"廾"（两个手）和"丰"变来。
舂　舂　𡗗由"廾"和"午（杵）"变来。
奏　奏　𡗗由"廾"和"屮"变来。
泰　泰　𡗗由"廾"和"大"变来。
春　春　𡗗由"艹"和"屯"变来。

这种偏旁混同的现象在隶书里同楷书一样是相当普遍的。

总之，汉字演变为隶书以后，完全失去了原来象形的面貌，打破了篆书"随体诘诎"的结构，是汉字演变史上一次重大的简化，结束了古文字的时代，开创了今文字的新阶段。

七、楷书

楷书又名真书或正书。在汉代，隶书和草书都很盛行，重要的碑碣和书籍都用隶书，一般的简牍多用草书。但隶书有波势挑法，一笔一画写起来很费事；草书虽然写起来方便，却不易认识；因此，从汉末就有了楷书。“楷”是楷模的意思。楷书的名称，从晋朝就有了；不过，当时并非专指一种字体，凡可作楷模的都可称作楷书。唐以后才专指现在通行的楷书。《晋书·李充传》说：“充善楷书，妙参钟（钟繇）索（索靖），世咸重之。从兄式亦善楷隶。”楷隶也是楷书。真书、正书的名称，南北朝时才有，它们都是与行书、草书相对而言的。《魏书·刘仁之传》说：“仁之少有风尚，祖涉书史，真草书迹，颇号工便。”王僧虔《答齐高帝书》说：“臣正书第一，草书第二。”

由隶书变成楷书主要是受了草书的影响。用草书流转的笔势，去掉隶书的波势挑法，并适当地加以简化，就成了楷书。楷书从西汉宣帝时已开始萌芽，东汉末渐趋成熟，魏晋以后成为汉字的主要字体。后世多推崇三国时的钟繇为第一个著名的楷书家，钟繇对于隶书、楷书、行书都擅长，他的楷书还带有隶意。东晋的王羲之发展了楷书的写法，完全不带隶意，是楷书书写体势的完成者。钟、王的真迹早已亡佚，现在流传的钟、王楷书多是后人的临摹本，已失真意。出土的北朝碑志有一千多种，代表了当时楷书的成绩。图十二是《魏故宁陵公主墓志铭》。

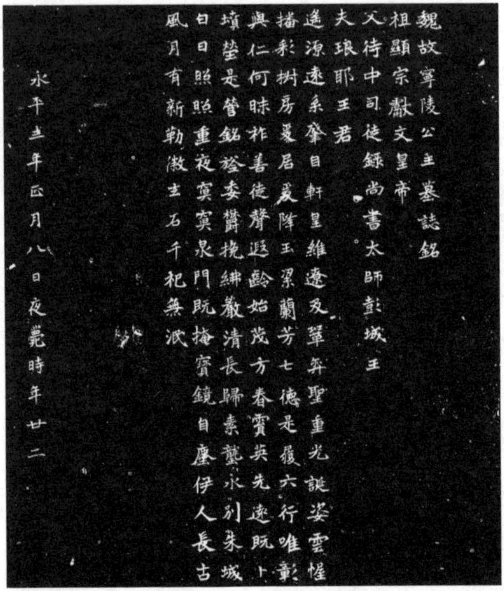

图十二　魏故宁陵公主墓志铭
（《北魏墓志百种》）

楷书同隶书在字形结构上极少分别（汉隶草头与竹头不分），只是在笔势方面有些不同。不同之点有四：一是把汉隶的挑法改成定型的钩撇；二是汉隶笔画波动，楷书笔画平稳，无汉隶的波势；三是汉隶特别要求字体平直方正，而楷书要求不十分严格，例如“口”字，在楷书里往往上宽下窄；四是汉隶整个字势向外摊开，而楷书却向里集中，因此汉隶是扁方形，而楷书趋向竖长形。

楷书写起来没有隶书那样费事，又比草书整齐易认，所以一千多年来都作为正式的字体而被广泛应用。

八、草书和行书

草书的形体是比较潦草的。广义上说，任何时代的字体，都有工整和草率的分别，也就是说，都有草书。不过，小篆以前，文字没有定型化，分不出什么是正体，什么是草体，草意不显，一般就算作繁体和简体的分别。

草书的名称是汉代才产生的。《说文解字·叙》：“汉兴，有草书。”蔡邕说：“昔秦之时，诸侯争长，简檄相传，望烽走驿，以篆隶之难，不能救速，遂作赴急之书，盖今之草书是也。”（见梁武帝《草书状》）草书大约起源于秦汉之间，它是从隶书演变来的。当时为了书写的便捷，不仅有连笔，而且有些结构是整个隶书字体的简写，只要求粗具轮廓，不要求一笔一画都很清楚。流传至今的最早的草书资料，是近代西北出土的木简，汉武帝天汉年间以后的木简就已带草意，宣帝以后的木简不少是纯粹的草书。例如图十三。

汉代的草书，虽然笔画连写，但仍独立，笔势近似隶书。后人把这种带有隶意的草书叫作“章草”，以区别于汉以后的“今草”。

今草是由章草演变成的。去掉章草的波势挑法，笔势楷书化，笔画相连，字与字也常相钩连，就成了今草。一般认为，今草是王羲之创始的。王羲之的草字帖，有好几种流传至今。图十四是《九月十七日帖》的前三行。

今草到了唐代，张旭、怀素更恣意损益字形，随意作钩连的形状，被称作“狂草”。这种字体，牵连宛转，上下相属，人自为体，千态百变，滥借偏旁，形体混淆，辨认起来相当困难。因此，“狂草”仅能作为一种艺术品供人欣赏，已丧失了文字进行交际的实用功能。这成了狂草的致命缺陷。

行书是介乎楷书和草书之间的一种字体，魏晋时代已很流行。晋代的王羲之、王献之父子是写行书最有名的书法家。行书既接受了今草的直接影响，又保存了楷书的形体。它没有严

图十三（左） 汉代木简（蒋善国《汉字形体学》）
释文：可以弥灭诸反国，立大功。公辅之位，君之当有。
图十四（右） 王羲之《九月十七日帖》（蒋善国《汉字形体学》）
释文：频有哀祸，悲摧切割，不能自胜，奈何！奈何！省慰增感！

格的书写规则，写得规矩一点，接近楷书的，一般称作行楷；写得放纵一点，比较接近草书的，一般称作行草。行书写起来比楷书便利，又比草书易于辨认，所以晋宋以来一直成为手写体的主要形式。这是汉字形体演变的自然结果，是汉字避难就易、避繁趋简的总趋势所决定了的。

第五章　汉字的结构

一、六书说

“六书”是我国古代研究汉字的一种理论。早在春秋时期，就盛行着解说文字的风气，古籍中保存不少记载。例如，《左传·宣公十二年》：“夫文，止戈为武。”又，《昭公元年》：“于文，皿蟲为蠱。”《说文解字》引用“通人说”，其中孔子的解说有许多条，例如：“牛羊之字，以形举也。”“视犬之字，如画狗也。”“黍可为酒，禾入水也。”“一贯三为王。”这虽不一定真是孔子所说，但很可能是春秋战国时期流行的文字解说。这种对汉字结构的解说逐渐增益发展，到汉代就成了研究汉字的理论——六书说。它流行一千多年，成为前人研究汉字的金科玉律。

六书的名称，最早见于战国时代的作品《周礼》。《周礼·地官·保氏》说："保氏掌谏王恶，而养国子以道。乃教之六艺：一曰五礼，二曰六乐，三曰五射，四曰五驭，五曰六书，六曰九数。"六艺是周代教育贵族子弟的六种基本科目。九数就是乘法的九九表，六书是有关汉字的教学，但不一定是后来的六书理论。

把《周礼》的六书解释为六种造字方法，是从汉儒开始的。班固在《汉书·艺文志》中说：

> 古者八岁入小学，故周官保氏掌养国子，教之六书，谓象形、象事、象意、象声、转注、假借，造字之本也。

班固是采录西汉末年刘歆《七略》里的解说。同时，刘歆的再传弟子郑众在《周礼·保氏》注中也说：

> 六书：象形、会意、转注、处事、假借、谐声也。

稍后许慎在《说文解字·叙》中更给六书下了简单的定义，并各举了两个例字。他说：

> 《周礼》八岁入小学，保氏教国子先以六书：一曰指事。

指事者，视而可识，察而见意，上下是也。二曰象形。象形者，画成其物，随体诘诎，日月是也。三曰形声。形声者，以事为名，取譬相成，江河是也。四曰会意。会意者，比类合谊，以见指㧑，武信是也。五曰转注。转注者，建类一首，同意相受，考老是也。六曰假借。假借者，本无其字，依声托事，令长是也。

许慎是刘歆再传弟子贾逵的学生，他的解说也是来源于刘歆。因此三家关于六书的名称和次第虽有不同，但内容却是一致的。这是汉代古文经学家建立起来的关于汉字构造的一种理论。后代学者一般采用许慎的名称，而用班固的次第。

许慎用六书的理论，分析了九千多个汉字的结构，写成第一部汉字研究的巨著《说文解字》，使六书的理论得到极大的发挥，成为一千多年来研究汉字的准绳。清代以前，人们迷信六书，不敢稍有损益，都把六书看作造字的原则。直到清人戴震才破除了这种迷信，他说："指事、象形、形声、会意四者，字之体也；转注、假借二者，字之用也。"后来《说文》家段玉裁、桂馥、王筠等都采用戴震四体二用的说法。朱骏声更把许慎的定义和字例也进行了修订，他说：

转注者，体不改造，引意相受，令长是也。假借者，本无其意，依声托字，朋来是也。

清代的文字学家对汉字的研究作出了重大成绩，对六书说的修订也是可取的。

六书是研究汉字的人从大量汉字结构现象和使用汉字现象中分析归纳出来的一些条例，而不是谁定出的造字原则，这是首先应该肯定的。六书中的象形、指事、会意、形声与汉字的结构有关，而转注、假借则根本无关。正如许慎自己说的，假借是“本无其字”，不过借用了一个同音字来表达语言中的词罢了。例如：

來　本是麳麥的“來”，假借为来往的“來”。

然　从火，肰声，本是“燃”的初文，假借为“然而”的“然”。

“來”是象形字，“然”是形声字。至于转注，许慎的定义就含混不清，前人的解说纷纭，真是莫衷一是。主要可以分为两大派：一派认为转注是造字的方法。如清人江永认为“建类一首”是指《说文》的部首，“同意相受”说的是形声字和它的部首可以互相训释。例如《说文·老部》："老，考也。""考，老也。从老省，丂声。"另一派认为转注是用字的方法。例如戴震认为转注就是互训，《说文》考字下说"老也"，老字下说"考也"，就是互训的例子。朱骏声则认为转注就是引申。"令"字本作发号施令讲，由于引申转为官名（县令），不另造一个字，这就是转注。总之，转注没有另外造出新字，整部《说文解字》除在《叙》中提到"考""老"两字外，在实际字形分析中，没有再举任何例子。有人举出一些所谓的转注字，如"白皤、黑黸、焜煅"等，但都不超出象形、指事、会意、形声四种字的结构。因此，我们认为，转注只要了解它和汉字的形体结构无关，不必深究。

"五四"以后，研究古文字的学者更进一步破除六书的体例，提出了一些关于汉字结构的新的分类法。唐兰在他的《中国文字学》中把象形、指事两类合而为一，提出了"三书说"："象形文字、象意文字、形声文字。"有的人把汉字分为两类：一类是没有标音成分的表意字（包括象形、指事、会意），一类是有标音成分的形声字。但是，他们在大类中又往往分出小类，成为新六书，甚至七书、八书。

确实，六书中象形、指事、会意三种字的界限是不十分明确的，例如王筠和朱骏声对《说文解字》九千多字的分类统计就不一致：

	象形	指事	会意	形声
王　筠	264	129	1260	7700
朱骏声	364	125	1167	7697

有的字可以兼类，有个别字在六书中根本无法归类，例如：

凰　本作“皇”，是属“本无其字”的假借；由“鳳”（凤）类推而加几，“凡”是鳳的声符，而“几”既非凰的声符，也非义符。

这个字既非形声字，也非会意字，更不是象形或指事。六朝以后佛经翻译的某些字也是如此，如：“䋈，名夜反。”宋元以来的某些简体字和今天某些新简化字，也不能归属于六书的某一类。因此，我们固然不应迷信六书，过于拘泥于六书的分类；但是，六书是人们根据汉字的实际情况，加以客观分析得出的一些结论，在汉字的研究和教学中起过良好作用，今天用来分析汉字的结构或进行汉字教学，仍有其借鉴的意义，不一定非要立一个新的分类法不可，更不宜把它一笔抹杀。

二、象形字

象形字是由图画发展来的，它起初与图画的区别很细微。在发展过程中，图画特征逐渐减少，符号作用日益加强。到了甲骨文时代，象形字已经发展到较高阶段，比起图画来，大多数象形字的形体是简略的。殷商以后，文字更趋简约。因此，现在所能看到的象形字往往是用图画的手法描绘出物体形状的轮廓或它的特征部分。

不同的象形字产生的时代有先有后，但总的说来，象形字是文字发展初期的产物。甲骨金文中象形字占的比重大一些，后来不少甲骨金文中的象形字为后起的形声字所代替，未被代替的象形字经过隶变也变成了不象形的象形字了。根据楷书来分析象形字是很困难的，而象形字是构成会意字、形声字的基础，是整个汉字体系的基本符号。下面列举一些象形字，根据小篆以前的形体，对其结构进行一些分析。

日　金文作、、，象太阳的轮廓；甲骨文作、、，变圆形为正方形或多角形，这是受了书写工具

的影响。

月　甲骨文作、、，金文作、，象半月形。因为月亮圆时少，缺时多，故取上下弦时之月形，也有别于“日”。

云　甲骨文作、，古文作，象云彩回转上升之形。借用为“云谓”的“云”，于是加偏旁“雨”，小篆作，变成形声字，现在又简化作“云”。

申　本是“电”字的古文。甲骨文作、，金文作，象电光闪烁、回旋激耀之形。借作伸缩的“伸”和十二地支之名，再加偏旁“雨”，小篆作，变成形声字，现在简化为“电”。

水　甲骨文作、，金文、小篆都作，象曲折的水流。隶书变成，已经不象形。

火　甲骨文作、，金文作、，象火焰，有的还迸发出火星。小篆作，已不象形。

山　金文作、、，象山峰突起、峰峦连绵的形状。

丘　甲骨文作，象丘陵，四方高，中间低。小篆作，已不象形，但古文“岳”，上面的“丘”字正象四方高中间低的形状。

泉　甲骨文作，金文作（《散盘》“原”字偏旁），小篆作，象从穴中流出的水。隶变以后作泉，已不成象形字。

牛　甲骨文作，金文作，象牛的头角、坟起的肩胛骨和尾，突出两个大角。

羊　甲骨文作，金文作、，象羊头，角比牛小，向下弯曲。

虎　甲骨文作、，金文作、，象虎形，突出张开的大嘴。小篆作，已不象形。

龍（龙）　甲骨文作、，金文作、，象头上有冠、张着大口的爬虫。小篆变作，已不象形，因此许慎解释为“从肉飞形，童省声”，错认为是形声字。

鳥（鸟）　甲骨文作、，象鸟形。隶变作，已不象形。

燕　甲骨文作、，象张开翅膀的燕子，小篆作，隶书作，失去了象形的意味。

虫（huǐ）　甲骨文作、，金文作、，象一种蛇，古书多写作“虺”。《说文解字》又有䖵（kūn）、蟲两部，现在作为虫的简化字。

貝（贝）　甲骨文作、，金文作，象贝形。小篆作，已不象形。

來（来） 甲骨文作、，象麦形。甲骨文又有、，释作“麥”。实际上“來”“麥”二字在甲骨文中就已颠倒了。麥字下面的夂是（止，即趾）的变体，本应为來往的來。“來”“麦”二字在甲骨文时代声音相近，可以通用。“來”字后来专作往来解，作为麦子的來麦的“來”变作“麳”，成了形声字。

尗 金文作（《叔卣》中叔字的偏旁），象豆苗生长之形。《说文解字》：“尗，豆也。尗象豆生之形也。”豆本是一种盛食物的高足器皿，甲骨文作。战国以后，一般称豆不称尗，《战国策·韩策》：“韩地五谷所生，非麦而豆。”借表器皿的“豆”来表示这种植物，于是“尗”字渐废，只用作偏旁。增加偏旁成“菽”，变为形声字，也很少用。

自 甲骨文作，金文作，象鼻子的形状，隶变后作**自**，已不象形。后来用作自己的“自”，于是加声符“畀”，成为“鼻”，变为形声字。

止 甲骨文作，金文作（《高且尊》），象脚的形状。后来加“足”成为形声字“趾”。在古书里“趾”是脚的意思，不当脚指头讲。

衣 甲骨文作、，象衣之形，金文作、，象

上衣之形，隶变作，不再象形。

求　甲骨文作，金文作，象毛皮衣，小篆作，已失象形意味，借用作请求的“求”，于是加“衣”旁为裘，变成了形声字。

射　甲骨文作、，金文作，象箭上弦，准备发射；金文有的加“又”（右手），成为会意字，小篆讹作，于是有人认为“射”字是与“矮”字用颠倒了。

眉　甲骨文作，金文作，画出眼睛，是为了衬托出眉的形状来。

须　金文作，为了衬托出胡须的形状，画出了鼻子。后来借用作副词必须的须，于是增加形旁髟，成为形声字“鬚”。

果　甲骨文作，金文作，果实的形状容易与别的字相混，所以画在木上。

瓜　小篆作，瓜的形状不易识辨，连带把瓜蔓表示出来。

州　甲骨文作，象水中的陆地，为了显示它的形状，需要画出水来。后来再增加水旁，变成形声字“洲”。

以上列举了二十九个象形字。它们都是独体字（即只有一个形体，不能拆开），前二十四个字只画出事物的本形，后五字为了衬托出事物的形状，把有关的物体一起画了出来。

三、指事字

《说文解字·叙》说："指事者，视而可识，察而见意，上下是也。"根据许慎的说解和举例可以推断出，他认为指事字不同于象形字的地方在于：象形字是表示具体事物的，重在象事物之形；指事字是表示抽象的事物概念的，重在用象征的手法表达出字义。指事字也不同于会意字，会意字是两个以上符号的组合，是合体字；而指事字同象形字一样，是不能拆开的独体字。

指事字有少数是用不代表任何具体事物的抽象线条来表示字义的，即纯符号性的指事字，例如：

一、二、三、四　这四个数目字小篆作一、二、三、亖，除"亖"以外，自古以来，很少变化。"四"大概是亖的假借字，春秋时代才有人开始写作"四"。

上、下　这两个字小篆作二、二，由一长画和一短画组成，短画在上的就是"上"字，短画在下的就是"下"字，短画也有用点来代表的，写作丄、丅。由于它们容易与数目字“二”相混，繁化成“上”“下”。

厶　小篆作。《说文》：“厶，奸邪也。韩非曰：‘仓颉作字，自营为厶。’”段玉裁注：“公私字本如此，自营为厶，六书之指事也。”“私者，禾名也。”

丩　甲骨文作、，金文作。用两条曲线相钩连，表示纠缠在一起的意思。后来加“糸”旁，变成形声字“糾”。简化作“纠”。

叕　小篆作，用曲线相牵连，表示事物连缀在一起。后来加“糸”旁，变成形声字“綴”。简化作“缀”。

有的指事字是在象形字上附加指事符号来表示字义。例如：

本　金文作、，在木的根部加上圆点来指明它的意义是树根。

末　金文作、，在木的顶端加上指事符号来表示它的意义是树梢。

刃　刃的意义是刀口，画不出来，于是在“刀”字上加一指示符号指明是刀的锋利处。

寸　本义是寸口，即手腕上边中医按脉时距手腕最近的部分。小篆作，是手，短横指明手掌后寸口的地方。

亦　甲骨文作，金文作。“大”是人形，用两点指明是腋下胳肢窝的意思。“亦”借作副词，于是另造形声字“腋”来表示。

牟　《说文》：“牟，牛鸣也。从牛，象其声气从口出。”“厶”是指明牛口出声的符号。后来加“口”旁，成为形声字“哞”。

馽（zhí）　小篆作，在“马”字表示脚的地方加上圆圈符号表示绊住马脚。后来另造形声字縶（絷）。

立　甲骨文作，金文作，象人正面站立在地上。上边是“大”字，下边是表示地面的指示符号，不应看作“大”“一”两字的结合。

还有少数指事字是用改造某个字的方法来表示字义，通常是改变文字的方向或增减笔画。例如：

片　小篆作，是取“木”字的一半，表示劈开的木头的意思。

夕　“夕”和“月”在甲骨文中本是一字，小篆作，省去“月”字中的一点。

叵　不可为“叵”，反写“可”字而成。

四、会意字

《说文解字·叙》说："比类合谊，以见指㧑。""比类"就是把几个表示事物的象形或指事符号排比在一起，"合谊"就是把它们的意义组合起来。前者是从形体方面来讲的，后者是从意义方面来讲的。"以见指㧑"就是从中看出它所指的对象概念。因此，会意字必须具备两个条件：一是由两个或两个以上的独体字组成，一是两个以上形体组合在一起必须构成一个新的意义。比如"林"由两个"木"组成，构成新义，《说文》："平土有丛木曰林。"虽然有两个以上的形体，但不构成新义，不算会意字，如籀文里的絫，只是形体的重叠。朱骏声《说文通训定声》："絫，即余之籀文。"

会意字有用两个或两个以上同样形体组合起来的，也有用两个或两个以上不同形体组合起来的。前一类叫同体会意字，后一类叫异体会意字。会意字以两体为基本形式，三体、四体的较少，五体以上的更少。下面分为同体会意和异体会意两类举例说明。

（一）同体会意

从　小篆作，《说文》："相听也。从二人。"段注："从者，今之從字。""随行"是本义，"相听"是引申义。

比　小篆作，《说文》："密也。二人为从，反从为比。"

甲骨文中"从"和"比"二字，既可以写作，也可以写作，正反互用，后来才分化为两个字。

北　小篆作，《说文》："乖也，从二人相背。"本即"背"字，借作表方向的"北"，于是另造新字"背"变成形声字。

棘　小篆作，（刺）是树木的芒刺，"棘"本是丛生的小枣，即酸枣，酸枣多刺，故用两个"朿"相并。后来用作荆棘的"棘"。

棗　棗树是独生的乔木，比酸枣高大，故用两"朿"重叠。

友　小篆作，《说文》以为朋友是它的本义。从古籍中看，可能本义应是友爱、互助的意思，所以用两个又（手）相重叠。

森　《说文》："木多貌。"即树木众多的样子。

轟（轰）　《说文》：“群車声也。”

淼　是水大的样子。后来改作“渺”，变成形声字。

舁（yú）　《说文》：“共举也。”象两个人的两双手一同抬举东西。

歰（sè）　小篆作，《说文》：“不滑也，从四止。”用双方两只脚相顶，表示不滑，后作“澀”，变成形声字，今简化为“涩”。

（二）异体会意

初　《说文》：“，始也。从刀从衣，裁衣之始也。”

即　甲骨文作、，是表示器皿中盛着食物，表示一个人跪坐在地上就食。

既　甲骨文作、，金文作；表示一个人吃完食物反过头来或转过身来张口打饱嗝。

鄉（乡）　甲骨文作，金文作，象两个人相对吃食物，即宴会。引申为面向，假借为鄉里的“鄉”，于是繁化为“饗”，变成形声字。

戒　甲骨文作，小篆作，表示两手持戈进行警戒。

興（兴）　甲骨文作，表示众手共同举起一物。小篆作，《说文》：“起也。从舁同，同，同力也。”

飲（饮） 甲骨文作，（酉）象盛酒的坛子，象一个人伸出舌头，正是（舌）字倒过来。小篆讹作，《说文》："歠也（饮酒），从欠，酓声。"变成了形声字。古文讹作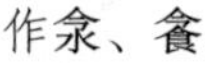。

監（监） 甲骨文作，表示一个人低头对着盛水的器皿在照脸，最古的时候，人们是用水照脸的，后来普遍使用铜镜，于是加"金"旁，成为形声字"鑑"（鉴）。"监"字专用于引申义"监视"。

舂 甲骨文作，象两手拿着杵（chǔ，一头粗一头细的短棍）捣臼里的粮食。

糞（粪） 甲骨文作，象一手拿扫帚，一手拿箕在扫除脏土。本义是粪除，粪便是后起的引申义。

暴 小篆作，《说文》："晞也。从日从出，从廾从米。"象太阳出来了，两手拿粮食曝晒。后来再加"日"旁，成为形声字"曝"。暴虐的"暴"原是另一个字，隶变以后与曝晒的"暴"相混了。

五、形声字

形声字是由一个义符和一个声符组成的。义符表示它的意义范畴，声符表示它的声音类别。形声字的产生使汉字的性质产生了重大变化，由表意文字过渡到表意兼标音的文字，形成了汉字的新阶段。三千多年来形声字不断增加，由甲骨文的百分之二十增加到了现在的百分之九十以上。了解形声字的形体结构及其性质，对掌握汉字具有重大作用。下面从形声字的组织成分、义符和声符的搭配方式以及形声字的表意标音作用等方面进行一些分析。

（一）形声字的组织成分

汉字是单音节的，按理说，任何形声字都只需要一个义符表示它的意义范畴，只要一个声符标示它的声音类别。可是，按《说文解字》的分析，却有两个或两个以上义符或声符的形声字。例如：

㝱　《说文》：“，寐而有觉也。从宀，从疒（niè），夢声。”看作二形一声。疒当作爿（床），小篆讹误。甲骨文里有字，表示屋子里有床，意义当与“寝”字相近，或即“寝”字。这显然是从疒，夢声，是一形一声。“夢”字本义是“不明”的意思，后来借作睡夢（梦）的“夢”，“㝱”字于是废弃不用了。

碧　《说文》：“石之青美者，从玉石，白声。”其实应该是从石，珀声。可能“珀”就是“碧”，由于借作琥珀的“珀”，于是再加“石”旁表义。《汉书·西域传》中仍作“虎魄”，可见“珀”原非琥珀的专用字。

梁　《说文》：“水桥也。从木，从水，刅声。”周代金文中常见“”字，或用为姓氏，或借作稻粱的“粱”。梁显然是从木，声。《说文》未收“”字，因而分析错了。

寶（宝）　《说文》：“珍也。从宀、玉、貝，缶声。”看作三形一声。其实应该看作从㝴，缶声。甲骨文作，是个会意字，后来加个声符表音，变成形声字。

总之，多形多声是不符合形声字的结构规律的，后加义符或声符，原字就应当看作一个整体作为新字的声符或义符。

形声字的义符和声符还有一个省形和省声的问题。省形的形声字比较少，大致有两种情况。一是把笔画繁多的义符省去一部分，例如：

星　本作曐。甲骨文作，夜空的星星很多，用三个来表示，并非三个日。后来的“晶”，本即“星”字，转移作星星亮晶晶的“晶”，于是以曐表“星”。曐作为

形声字在甲骨文中已出现。

二是省去义符的一部分，空出位置来安置声符。例如：

考　《说文》："老也。从老省，丂声。"义符"老"，省去了下面的"匕"。

屨（jù）　《说文》："履也。从履省，婁声。"省去了"复"。

省声的形声字较多，大致有三种情况。一是把笔画繁多的声符省去一部分。例如：

秋　《说文》："禾谷熟也。从禾，𪚰（jiāo）省声。"籀文不省，作"𥤚"。

珊　从玉，删省声。

恬　从心，甜省声。

潸　从水，散（𢿱）省声。

二是省去声符的一部分，空出位置来安置义符。例如：

夜　小篆作，从夕，亦省声。

黴　从黑，微省声。

榮（荣）　从木，熒省声。

島（岛）　从山，鳥省声。

三是声符和义符合用部分笔画或偏旁。例如：

齋（斋）　小篆作，《说文》：“戒絜也。从示，齊（齐）省声。”“齊”和“示”合用中间的“**二**”。

黎　《说文》：“履黏也。从黍，利省声。”左上角的“禾”是义符和声符共享的部分。

省声、省形是汉字发展由繁趋简的表现形式之一，是形声字中客观存在的现象；但是《说文》和后代某些文字学家对省声、省形的说法，有许多是不可靠的。

在分析形声字的组织成分时，还需要讨论一下亦声问题。段玉裁说：“凡言亦声者，会意兼形声也。”许慎在分析合体字时，注意到了这种兼类的现象，他从会意的角度进行分析后，又提出其中某一偏旁是“亦声”。例如：

禮（礼）　《说文》：“从示从豊，豊亦声。”

葻（岚）　《说文》：“草得風貌，从草風，風亦声。读若婪。”

叛　《说文》：“半反也。从半反，半亦声。”段注：“反者，叛之全；叛者，反之半。”

志　小篆作志，《说文》：“意也。从心，从㞢，㞢亦声。”

婚　《说文》：“从女昏，昏亦声。”

其实，这种亦声字，从汉字发展的总趋势来看，都应看作形声字。声符兼表意的，并不限于许慎所提出的亦声字。

（二）义符和声符的位置

形声字义符和声符的搭配方式多种多样，粗略地分析一下，有十七种之多：

1. 左形右声	江棋詁昭
2. 右形左声	攻期胡邵
3. 上形下声	空箕罟茗
4. 下形上声	汞基辜照
5. 内形外声	問閩鳳岡（从山，网声）

6. 外形内声	閣國固匪
7. 形分左右，声夹中间	街衝
8. 形夹中间，声分左右	辯隨
9. 形分上下，声在中间	衷歲
10. 形在中间，声分上下	哀莽
11. 形在左上角	聖荆
12. 形在左下角	穀雖（从虫，唯声）
13. 形在右上角	匙題
14. 形在右下角	賴佞（从女，仁声）
15. 声在左下角	聽
16. 声在右上角	徒（从辵，土声）徙
17. 声在右下角	旗寐

这十七种形式，有的可以归并，例如11—17可以合并为形占一角和声占一角两类，7—10可以合并到5、6两类中去。这许多形式常见的是前四种，而最基本的是第一类左形右声。除以上方式外，还有个别形声字的声符被不合理地割裂成两部分。例如“雜”（杂），本作“褋”，从衣，集声。声符割裂后，义符也变了形，就很不容易分辨了。

汉字从小篆以后形体固定，一般不能变动，有的形声字有两种以上的搭配方式，因而造成异体。例如：

峰＝峯　和＝咊　惭＝慙　鹅＝鵞＝鵝

但是，有时由于搭配的方式不同就形成不同的形声字。例如：

吟≠含　晾≠景　叨≠召　怡≠怠　犹≠猷

（三）义符的表意作用

义符是表示形声字的意义范畴的，并不能确切地表达形声字的具体意义。例如，用“手”（在字的下面写作“手”，在字的左面写作“扌”）作义符时，表明跟它组成的形声字是与手有关的概念，大致可分为三类：

一是与手有关的名词：拳、掌、拇、指。

二是与手有关的形容词：拙、攕（掺）。

三是与手有关的动作：把、持、操、捉、提、拉、推、擠、捧、接、撫、按、拱、揖、探、摳……

一、二类极少，绝大部分是第三类。同是手的动作，区别却甚大，有时甚至是相反的，如“拉”和“推”。因此，绝不可能从义符“手（扌）”就知道它的字义。

只有极少数字，义符与形声字完全同义。例如：

𠚕＝齒（齿）　父＝爸　舟＝船

因此，义符与形声字的意义之间的关系是多种多样的，它只给形声字的意义划定了一个大范围，具有区别同音字的作用，并无直接的表义作用。

还应该看到，义符表示形声字的意义范畴，往往只适用于本义。由于词义的引申、文字的假借，事物的发展变化，很大一部分形声字的义符已经大大削弱，甚至完全丧失了它的表意作用。例如：

張（张）　本义是拉紧弓弦（开弓），引申义有扩大、张开、张挂、陈设等。本义已极少使用，义符“弓”的表意作用已经很小。

理　本义是治玉，引申义有治理、条理、道理、整理、理睬等。本义基本上已不使用，义符“玉”的表意作用几乎丧失。

難（难）　本义是一种鸟名，假借作难易的“难”。

本义不用，义符“隹”完全不起表意作用。

校　本义是木制的刑具，假借作学校的“校”和校正的“校”，与“木”无关。本义早已不用，义符“木”丧失表意作用。

鏡（镜）　古代的镜子是用青铜制造的，所以从“金”；现在是用玻璃制造，用“金”作义符变得不合理了。

由于义符只表示形声字的意义范畴，因此有些形声字的义符可以替换。例如：

鷄＝雞　嘯＝歗　嘩＝譁　逾＝踰

上面能互相替代的义符是意义相同或相近的。也有替换的义符之间意义区别较大的，这是因为表示意义范畴的义符往往只表示字义的某方面的特征，由于着眼点不同，有些字就可以选用不同的义符。例如：

煉＝鍊　熔＝鎔　盤（盘）＝槃　瓶＝缾

冶炼的手段是火，冶炼的对象是金属，着眼点不同，因此义符可以选用“火”，也可以选用“金”。盘子是一种器皿，古代的盘子大多是木质的，因此从皿、从木都可以。熔、瓶同炼、盘的情况相似。由于以上两方面的缘故，因而有的形声字可以采用四五个不同的义符来构成异体字。

（四）声符的表音和表意作用

声符是标示形声字的音类的，即使是在造字的时候，也并不一定要求声符和它组成的形声字完全同音。如果要求完全同音，往往需要选用生僻字或笔画繁多的字来充当声符，甚至有的找不到，因此往往不得不在语音条件上放宽点。但是当初形声字和它的声符必然是声音相近的。段玉裁说“同谐声者必同部”，这是合乎先秦的语音实际的。在先秦，声符相同的字一般不但韵部相同，而且声母也往往同组。例如：

例字	告誥	靠	浩皓	酷	鵠
韵部	觉	觉	幽	觉	觉
等呼	开一	开一	开一	合一	合一
声母	见	溪	匣	溪	匣
拟音	〔kəuk〕	〔k‘əuk〕	〔ɣəu〕	〔k‘uə̆uk〕	〔ɣə̆uk〕
今音	〔kàu〕	〔k‘àu〕	〔xàu〕	〔k‘ù〕	〔xú〕

在上古这些用“告”作声符的字，声音很相近，韵母大多属觉部（四字转幽部），声母同是喉牙音，只在介音、声母、声调方面有细微的差别；但是到了现在，由于两千多年的语音演变，却形成了很大的差异。汉字的谐声系统到中古就已经乱了，声符的表音作用大大削弱。现在形声字的声符和字音的关系表现出非常复杂的情况，有不少同声符的形声字读音甚至毫无共同点。不过，形声字和声符的读音在大多数情况下仍然比较接近，或者是有规律可循的，像上文所举从“告”得声的字，读音分成两大类，这是由于语音的发展变化总是有规律的。

声符本来的职能是标示字音，但有的形声字的声符却兼有表意作用。上文谈到的亦声字就是这种情况，不少《说文》不作亦声看待的一般形声字，声符也兼有表意作用。例如：

誹　用言语非难别人。从言，非声。

娶　取妻。从女，取声。

詁　训释古语。从言，古声。

駟　四匹马拉的一辆车子。从马，四声。

这类形声字大多是为了区别本义和引申义或者区别同源词而加注义符所形成的分化字。宋人王圣美提出“右文说”（即声符表义），虽然看到了形声字中部分声符表义的现象，有其合理的因素，但过分夸大，往往流于主观臆断。因为声符有表义的，也有不表义的，不同声符的字，也有音近义通的，不可一概而论。

六、偏旁、部首和笔画

在分析汉字的结构时，通常把组成合体字的部件叫作“偏旁”。例如，“休”字是由“人”和“木”两个偏旁组成的。偏旁也叫“旁”，口语里有立人旁（亻）、竖心旁（忄）、提手旁（扌）等说法。形声字的义符和声符还分别称作形旁和声旁。例如，“言”是“谋”字的形旁，“某”是它的声旁。偏旁这个名称本来是用于左右并列的部件的，由于左右并列是汉字最常见的组合形式。后来就用它概括各种组合形式的部件。但在口语里，把上下组合形式中在上的偏旁叫作“头”，如草字头（艹）、宝盖头（宀）等。近年来，有人根据汉字教学的需要，主张按偏旁的位置分别定出不同的名称，例如在上的叫作“头”，在下的叫作“底”，在外的叫作“框”，在内的叫作“心”。

我们今天研究或教学汉字的形体结构，重要的不在某个字属于六书中的哪一种，而在于弄清楚它的间架结构，即由哪些部件组成和怎样组成的。不少小学教师利用偏旁分析方法进行汉字教学，取得了很好的成绩，这是值得充分肯定的。

分析汉字的结构，还有一个跟偏旁有密切关系的术语，即部首。一般说来，部首就是形旁，也就是义符；形旁是对声旁而言，部首是就它所统属的字而言。第一个提出部首名称的是许慎，他在《说文解字》中按照六书的原则，把小篆的形体结构加以分析归类，从中概括出五百四十个偏旁作为部首，凡同一偏旁的字都统属其下。例如："口"是第二十二部的部首，噣、喙、吻、咽、嗌、呱、吮、含、味、唾、喘、呼、吸、吹、哲、問（问）、和、唐、吐等一百八十二字都统属在口部之下。部首标示着该部字的本义所属的意义范畴，《说文解字》五百四十部一般都体现了这一情况。《说文解字》的部首查检很不方便，明代梅膺祚编《字汇》时，把五百四十部改并成二百一十四部。有的部首归并不影响字形结构的分析，如刀部、刃部和丯（qià）部合并；有的部首归并就打乱了字形结构的分析，如把匕（huà）部、北部合并于匕（bǐ）部之后，这一部所收的字本义就不属于同类意义范畴了。此后，绝大多数用部首编排的字典、词典，如《康熙字典》《辞源》《辞海》等，都沿用《字汇》的分部。还有一点，后代的字典，有少数字的归部也与《说文》有差异。例如：

所　从斤，户声。本义是伐树的声音。《说文》归斤部，《辞海》归户部。

舅　从男，臼声。本义是母之兄弟。《说文》归男部，《辞海》归臼部。

解放以后新编的字典，部首的分合又有些变化，《新华字典》前面所附的部首检字表分一百八十九部，《现代汉语词典》的部首检字表分为二百五十一部，都是在二百一十四部的基础上修改而成的。由于简化字的推行，归部的差异更大一些。《字汇》以后的部首是检字法的部首，在检字上比《说文解字》五百四十部方便得多，是一进步；但对于分析字形结构，加深对词义的理解，却不如《说文解字》所用的文字学原则的部首。

隶书以后，汉字书写的最小单位是笔画，这与现行的楷书的结构也有密切关系。汉字有以下八种基本笔画：

、	一	丨	丿	㇏	㇀	㇂	㇒
点	横	竖	撇	捺	提	钩	啄

基本笔画可以连写成比较复杂的笔形：

㇗	㇕	㇇	㇜	㇛	㇈	㇚
竖横	横竖	横撇	撇横	撇点	横弯钩	竖钩

这些笔形可以用“折”这个名称来概括。

跟笔画有关的还有一个笔顺的问题。笔顺是指书写时笔画的顺序。汉字的笔顺一般都是从上到下，从左到右，这主要是书写问题，不多讨论。

第六章　汉字改革

一、汉字改革的必要性

汉字是世界上历史最悠久、影响最深广的文字之一。几千年来随着社会的发展，汉字的形体结构经历了多次重大变化，发展的总趋势是由繁趋简，由表意到标音，但始终还停留在表意兼标音的阶段。这种表意体系的汉字在历史上有着不可磨灭的功绩，现在仍然是我们进行文化教育、生产建设的重要工具，今后还要继续为中国人民服务下去，为我国文化和经济建设作出它应有的贡献。

但是，我们不能不承认，这种表意体系的汉字是存在严重缺点的。汉字的主要缺点是：它不能确切表音，与汉语的矛盾日益尖锐；本身结构复杂，数目繁多，一字多音，同字异体，是一个非常复杂繁难的符号体系。据考察，《康熙字典》收字总计四万九千零三十字（包括备考和补遗），但除了异体、重文外，只有二万二千多字。“十三经”累计五十八万九千二百八十三字，但不重复的单字只有六千五百四十四字。因此，汉字的总数估计在五六万个以上，通用的也有六七千个，即使阅读一般的书报，也需要掌握三千多个汉字。因此，要学会汉字，自然有不少困难。

第一是难认。汉字数目多，形体复杂，有不少字差别又很小，例如“己、已、巳”，“戊、戌、戎、戍、戉”等；有的偏旁容易相混，例如“锻、假”，“陷、蹈、踏”等。要认识几千上万个汉字，主要靠死记，这是需要付出巨大精力的。

第二是难读。象形字、指事字、会意字是没有标音符号的，就是百分之九十以上具有标音成分的形声字，也因同一个声符可以有很多读音，不能读字读半边。例如：

也 yě　匜 yí　迤 yǐ　驰 chí　施 shī　地 dì　他 tā　拖 tuō

同是以“也”作声符，就有八个读音，有的差别还很大。还有一些形声字根本就看不出声符了。例如：

成（丁声）　喪（亡声）　書（者声）　唐（庚声）

此外，形声字还同象形字、指事字、会意字不易分辨。因此，汉字的读音也靠死记，没有别的办法。

第三是难写。简化以前的汉字，五画以下的很少，大多数是十多画乃至二十多画，最多的甚至达到三四十画。例如：鬬（鬥，简化作“斗”）、籲（吁）、鸞（鸾）、灩（滟）。而且写起来还得注意它的笔顺、结构、间架，否则写出来很难看。这也成了学习上的沉重负担。

汉字既然这样难认、难读、难写，自然也就难记。学会一个字后，往往不久又忘记了，这是初学汉字的人常有的事情。因此，汉字的繁难严重地影响了广大人民群众迅速掌握文化。据1955年统计，当时的小学，六年时间只能学习三千个左右的汉字，而且不能都巩固，更说不上完全了解。这同使用拼音文字的国家相比，我们的普通教育在文字教学方面就需要多花两年时间。这就直接影响了我国教育事业的发展和人民文化水平的提高。

同时，目前许多先进科学技术都同文字有密切关系，例如电报、打字、印刷排检以及机器翻译等。如果使用表意体系的汉字，推行这些先进科学技术就有很大困难。

总之，汉字发展到今天，象形字早已不象形，表意符号早已丧失其表意作用，标音符号也早已不能表音，徒然保留了它形体繁难、符号众多的缺点。汉字必须在一定条件下进行改革，这是我国广大人民群众多年来的迫切要求，也是我国社会主义革命、社会主义建设的重大需要。

二、汉字的简化

简化汉字是汉字改革的第一步，目的是精简汉字的笔画和字数，以减少汉字认读、书写、记忆和印刷中的困难。

三千多年来，为了使汉字便于应用，人们一直在简化汉字的形体。甲骨文中就有不少简体字，战国时期的六国古文是对籀文的重大简化，秦始皇的“书同文”是对当时汉字简化的总结。南北朝是汉字简化的新阶段，唐宋以后，简体字日益增加，不仅用于手写，而且流行于民间的印刷物。就连许多字书，如唐颜元孙的《干禄字书》、辽僧行均的《龙龛手鉴》、清代的《康熙字典》等，也都不得不收录了一些简体字。可见简体字是源远流长的，在汉字发展过程中成为一股不可阻挡的潮流。近人赵㧑叔的《六朝别字记》、刘复和李家瑞的《宋元以来俗字谱》是重要的古代简体字资料专书。

清代的学者黄宗羲（1610—1695年）、江永（1681—1762年）、孔广森（1752—1786年）等都喜欢写简体字。清末不少知识分子提倡简体字。1909年，陆费逵发表了《普通教育应当采用俗体字》的论文。“五四”以后形成了简体字运动。1922年，钱玄同在国语统一筹备委员会提出了“减省现行汉字的笔画案”。1935年8月，当时的教育部被迫公布了三百二十四个简体字，可是在戴季陶等“为汉字请命”的丑剧声中，1936年2月又来了一道“不必推行”的命令。

但是，汉字简化是符合汉字发展的总趋势的，更是广大人民群众的迫切要求。主政者禁止推行，人民群众却普遍使用简体字；尤其是在解放区，在识字和普及文化运动中，简体字大量涌现，油印报刊采用并创造了许多新简体字。

新中国成立后，为适应社会的需要、人民群众的要求，立即着手研究汉字的简化工作。1950年，中央人民政府教育部社会教育司编制了《常用简体字登记表》，选出了五百多个常用简化字。1952年中国文字改革研究委员会成立，开始研究并草拟汉字简化方案，1954年编成《汉字简化方案草案》，经过广泛的酝酿讨论，1955年10月召开了全国文字改革会议，1956年1月由国务院公布了《汉字简化方案》。《方案》把五百四十四个繁体字简化为五百一十五个简化字，并规定了五十四个偏旁简体。有少数简化字代表多个繁体字，例如：

台＝台臺檯颱　　　发＝發髮

这些简化字和简化偏旁从1956年2月到1959年7月先后分四批推行，在推行中略有调整，最后正式定下简化字四百八十四个。1964年2月国务院发出指示，《方案》中的简化字和简化偏旁采用类推的简化方法，最后由中国文字改革委员会编成《简化字总表》。表中除收了已经推行的四百八十四个简化字（包括可用作偏旁的一百三十二个简化字）外，再加上偏旁类推的简化字一千七百五十四个，共计收简化字二千二百三十八个，简化了二千二百六十四个繁体字。

这些简化字，绝大部分是人民群众本来就熟悉的，是人民群众千百年来的集体创造。有的是采用历代的简体字或俗体，例如“办、体、声、乱、宝、尽、对、杰”等；有的是采用老解放区和新中国成立后人民群众创造的简化字，例如“认、识、拥、护、阶、队、击、讲、币、进、论”等；有的是采用古字和笔画比较简单的异体字或通假字，例如“云、礼、气、网、须、采、从、无、弃、个、才（纔）、后（後）”等；只有一小部分是制订方案时，根据群众简化汉字的方式新创造的简化字，例如“齿、灭、伞、丛、症、专”等。

从简化字的形体结构来看，简化的方法大致可以归为以下六种：

1. 省略字形的一部分。例如：

飛—飞	習—习	鄉—乡	聲—声
奪—夺	奮—奋	廣—广	開—开

2. 用笔画少的偏旁代替笔画多的偏旁或原字的一部分。例如：

糧—粮	燈—灯	擔—担	憐—怜
陽—阳	歷、曆—历	審—审	華—华

3. 用简单的符号代替偏旁或原字的一部分。例如：

漢—汉	對—对	僅—仅	轟—轰
趙—赵	辦—办	棗—枣	風—风

4. 草书楷化。例如：

學—学	東—东	繼—继	樂—乐

書—书　　偉—伟　　盡—尽　　堯—尧

5. 另造笔画少的字。例如：

體—体　　竈—灶　　響—响　　護—护

驚—惊　　膚—肤　　塵—尘　　義—义

6. 借用笔画较少的同音字或音近字来替代。例如：

干（干戈）、乾（乾湿）、幹（幹部）—干

丑（地支名）、醜（醜恶）—丑

斗（升斗）、鬬（鬬争）—斗

谷（山谷）、穀（五穀）—谷

简化字是为了易认易写，因此不少简化字比隶书、楷书（繁体）更进一步打破了汉字原来形体构造的方式，再不能用六书的原则来进行分析了。上面第一类只留下原字的一部分，很难进行分析；第三类用简单的符号可以代替许多不同的偏旁，也不能用六书原则进行分析；第四类完全打破了原字的形体结构，只存轮廓，更是无法进行分析的。文字本来只是记录语言的符号，这些字增强了符号性，只要能记录汉语，易认易写，打破了六书原则，也是适应客观的需要。

汉字简化的方针步骤是“约定俗成，稳步前进”。所谓“约定俗成”就是尽量采用群众中早已惯用的简体字，而不是把现行的汉字彻底改造成整批的新字，更不是系统地改变字体，全盘简化。所谓“稳步前进”，就是说简化的步骤不是一次完成，而是分批简化，逐步推行。由于贯彻执行了这一正确的方针步骤，因此简化字获得了群众的拥护支持；简化字推行以来，对提高广大人民群众的文化水平，发展科学文化事业，收到了举世公认的成效。

汉字简化以后，笔画大大减少了。《简化字总表》中第一、第二两表五百二十七个简化字的繁体平均每字十六画，简化后平均八画，第三表偏旁类推字一千七百五十四个字，繁体平均每字十九画，简化后平均十一画。教育部1952年公布的扫盲两千字《常用字表》中仍有一百字在十九画以上，二百零九字在十七画以上。这些字和其他笔画多的常用字，要不要简化？意见必然是会有分歧的。1977年文改会又公布了《第二次汉字简化方案》（草案），遭到激烈反对，没有通过。我们认为，汉字是否继续简化，需要有一个通盘考虑，要正确贯彻“约定俗成，稳步前进”的方针步骤。要提倡“百家争鸣”，发挥群众和专家两方面的积极性。“约定俗成”不是新简化字使用人数或区域的简单统计数字，应从汉字的整个体系、从历史、从是否既简单又好辨认等各个方面来全面考虑。简化并非笔画越少越好，必须考虑不同的字易于辨认，文字是供人阅读的，如果只考虑笔画少，容易写，那么速记符号就是最理想的文字了。简化要力争少创造新字，避免增加汉字的总数。已经简化过一次的字，如果没有特别需要，就不宜再进行简化；因为简化汉字要考虑初学的人，也要考虑文化水平较高的人。今后中国人民的文化水平将普遍提高，如果一再简化，将来文化水平较高的人要阅读这几十年出版的书刊，一个字就需要学会几个异体，徒然增加负担。简化中对印刷体和手写体也应区别对待，印刷体需要统一规范，手写体却不宜规定过死，而且也是做不到的。总之，简化绝不是单纯的简省笔画，而是既要字形简单，又要分别明显，识认简便；对初学要简易，对深造也应提供方便。

简化字形是汉字简化的主要工作，但还有另一方面的工作，这就是精简字数。简化字中同音代替的方式就是精简了字数，但主要目的不是为了这个。精简字数主要表现在废除异体字。1949年以后，有关部门对异体字进行了整理，1955年12月公布了《第一批异体字整理表》，共八百一十组，每组中选定一个比较通行而又笔画简单的字，其余的停止使用，共废除异体字一千零五十五个，减轻了学习负担。

三、拼音化的方向

学术界大都认为：文字总是从表形到表意，从表意到表音，即由象形文字到表意文字，从表意文字到表音文字。这是世界大多数文字的发展历史所证明了的。汉字从甲骨文时代起，就已向表音的阶段过渡，出现了百分之二十左右的形声字。但是，汉字几千年来却始终停留在表意兼标音的阶段，没有发展成为拼音文字。这既有语言文字本身的原因，也有社会的原因。语言文字本身的原因表现在：古汉语是单音节词占优势，字和词有其一致性，同音词的现象相当严重；表意体系的汉字能从形体上区别意义，可以减轻同音词的混淆。同时，汉字本身不断简化，并大量发展形声字，扩大表音成分，这在某种程度上缓和了难认、难写的矛盾。社会原因表现在：中国长期停留在封建社会，文字被少数人所垄断，封建的保守性和地域性，又造成了方言的分歧，不利于采用拼音文字，因而使得我国的文字长期地陷在发展缓慢的状态之中。

新中国成立后，国家空前统一，以北京话为标准音的普通话得到推广，方言迅速集中，人民当家做主，文化水平空前提高。近百年来汉语复音化的进程加快，现代汉语中复音词已经占了压倒优势，汉字与汉语的矛盾加深，拼音化的呼声明显高涨。

汉字拼音化的想法，早在三百多年前就有人提出过。明末方以智（1611—1671年）说："字之纷也，即缘通与借耳；若事属一字，字各一义，如远西因事乃合音，因音而成字，不重不共，不尤愈乎。"（《通雅》）清末维新派知识分子卢戆章（1854—1928年）、王照（1859—1933年）等人发动的切音字运动，写下了汉字拼音化的第一页，提出了二十八种方案。其中十四种是汉字笔画式的，五种是速记符号式的，五种是拉丁字母式的，其他形式四种。此外，从明朝末年起，西方传教士意大利人利玛窦（1552—1610年）、法国人金尼阁（1577—1628年）等也曾拟出过一些为汉字注音的拼音方案（《西字奇迹》《西儒耳目资》）。

清末二十年间的切音字运动，到辛亥革命以后才得到初步的收获，这就是1913年议定、1918年公布的《注音字母》（原称"国音字母"，后又改称"注音符号"）。注音字母包括二十四个声母（下一行加拼音字母，与之对照。下同）：

ㄅ	ㄆ	ㄇ	ㄈ	ㄪ	ㄉ	ㄊ	ㄋ	ㄌ	ㄍ	ㄎ	ㄫ	ㄏ	ㄐ	ㄑ	ㄒ
b	p	m	f	v	d	t	n	l	g	k	ng	h	j	q	x
ㄓ	ㄔ	ㄕ	ㄖ	ㄗ	ㄘ	ㄙ									
zh	ch	sh	r	z	c	s									

十六个韵母：

ㄧ	ㄨ	ㄩ	ㄚ	ㄛ	ㄜ	ㄝ	ㄟ	ㄞ	ㄠ	ㄡ	ㄢ	ㄤ	ㄣ	ㄥ	ㄦ
i	u	ü	a	o	e	ie	ei	ai	ao	ou	an	ang	en	eng	er

这些字母大都是采用汉字的偏旁（即古代最简单的独体字）。新中国成立前后在中小学断断续续地推行过，对帮助识字起过一定的作用。

“五四”前后，钱玄同（1887—1939年）、黎锦熙（1890—1978年）等人大力提倡汉字拼音，1926年议定了一个《国语罗马字拼音法式》，1928年正式公布，“作为国音字母第二式”，揭开了汉字拉丁化运动的序幕。1928年以后，林伯渠（1886—1960年）、吴玉章（1878—1966年）、瞿秋白（1899—1935年）等在苏联远东地区为在十万多名华工中进行革命宣传工作，拟订出《中国拉丁化字母方案》，1931

年通过。它不仅在苏联华侨中推行，取得了重大成果，1933年以后还传到国内。1935年由蔡元培（1868—1940年）、鲁迅（1881—1936年）、郭沫若（1892—1978年）等六百八十八位文化界进步人士联名发表了积极拥护拉丁化新文字的意见书，掀起了一浪高过一浪的拉丁化新文字运动，并且同民族解放运动相结合，形成了一个空前未有的群众性文化革命运动。抗日战争时期继续发展，传播到四面八方；特别是在解放区，拉丁化新文字得到大力推广，为发展文化教育、提高人民的文化水平做出了巨大成绩。

新中国成立后，立即成立了文字改革的专职机构（中国文字改革研究委员会），除进行汉字简化工作外，并着手草拟新的拼音方案。从1950年到1955年8月共收到群众提出的拼音方案六百五十五种。1954年12月正式转成国务院领导下的中国文字改革委员会。1955年10月召开了全国文字改革会议，在会议上提出了六种不同的方案初稿供讨论：四种是汉字笔画式的，一种是斯拉夫字母式的，一种是拉丁字母式的。会后又收到群众提出的方案一千二百多种。1956年2月公布了《拼音方案草案》，经过全国人民的热烈讨论，对草案进行了修改，1958年2月全国人民代表大会正式通过批准了《汉语拼音方案》，作为学习汉字和普通话的工具。下面是《汉语拼音方案》的字母表：

Aa Bb Cc Dd Ee Ff Gg Hh Ii Jj Kk Ll Mm Nn

Oo Pp Qq Rr Ss Tt Uu Vv Ww Xx Yy Zz

它只用二十六个国际通用的拉丁字母，没有增加新字母，只采用四组双字母zh、ch、sh、ng来代表汉语普通话中的三个声母〔tʂ〕（知）、〔tʂ‘〕（吃）、〔ʂ〕（诗）和一个韵尾〔ŋ〕（英）。整个方案基本上没有变读，系统比较整齐，学习和应用都很方便。这个方案是中国人民六十年间创造汉语拼音字母的总结，公布以后，对汉字教学、扫除文盲、推广普通话，以至我国整个社会主义文化事业的发展，都起了十分重大的作用。

从汉语拼音方案的推行到实现拼音汉字，需要经过很长的时期，这是必然的。问题是有无必要和可能把现行汉字改成拼音文字，也将成为广泛争议和应该慎重考虑的大是大非。要改成拼音文字，首先就要推广普通话，这是实现拼音汉字的重要条件之一。其次，必须努力创造各种条件，更加大力宣传、推行拼音方案，使广大人民群众养成拼音的习惯，这也是一项艰巨的任务。这两点，只要坚持不懈，是可以办到的。更难办的是如何对待几千年的汉字文化典籍，如何解决汉语同音词多的问题。

汉语同英语等印欧语不同。印欧语是屈折语，词儿连写，音素的排列组合方式多样，同音词很少。汉语是孤立语，古代汉语以单音词为主，同音词特别多，不采取表意兼标音的形声字，很难辨别识认。近代以来，汉语复音化加速，已经是双音词最多；单音和双音词又是交际中最常用的部分，同音词数量之多仍是英语等印欧语所无法比拟的。不解决同音词的识别，不考虑汉字文化典籍的继承，强行实现拼音化，得失难以估计。日语是黏着语，日文在假名中夹用汉字，未能实现拼音化。这是值得我们作为借鉴与深思的。

主要参考书

《说文解字注》，段玉裁著，世界书局版，1936年；上海古籍出版社，1981年。

《古文字学导论》，唐兰著，1934年石印本；齐鲁书社，1981年。

《中国文字学》，唐兰著，开明书店，1949年。

《汉字形体学》，蒋善国著，文字改革出版社，1959年。

《汉字的结构及其流变》，梁东汉著，上海教育出版社，1959年。

《汉字改革概论》，周有光著，文字改革出版社，1961年。

初版后记

六十年代以来，我在北京大学中文系讲了三次汉字常识。这本小册子就是根据讲稿整理而成的。在备课过程中，参考了不少文字学方面的著作和论文，其观点和材料，多有采纳。但是，我并非专门从事文字研究工作的，学识有限，取舍不当，在所难免，切望批评指正。

稿成后，承了一师审阅，多所是正。付印前，又承中国历史博物馆许青松同志帮助摹写了全部古文字。在此致以衷心的感谢。

1979年2月于燕园

改版说明

北京出版社在“文革”后编印出版了一套《语文小丛书》，先收了陆宗达先生的《训诂浅谈》，从而约我写一本《汉字浅谈》。我就将当时汉字课的讲稿整理出来，送请王力先生审阅。王先生阅后予以肯定，还提了两点意见。一是：“内容讲得很全面，也比较深入，不是浅谈，书名宜改为‘汉字知识’。”二是：“讲《汉字改革》的一节，与国家语委的主张不同的看法，以不提为宜。”我将王先生对书名的意见告知北京出版社，得予采纳。有关汉字改革的意见，也作了一些删改。

1981年该书出版后，得到一些方面的关注，被刊载上网。去年（2019年）有两个出版社分别表示要再版《汉字知识》，经商议决定由北京出版社收入“大家小书”丛书中。这样我自然要认真审读初版书稿，作一次必要的修改。在审阅前五章时，我只是随看随即改正错别字，删去欠妥词语，有两处作了少许增补。改动较大的是最后一章《汉字改革》。我把初版不提与国家语委不同看法的原则放下了。添加了一大段，论证了“实现拼音汉字”的主张并不可取。

在本书的修改中，得到邵永海教授的大力协助。他帮我将书稿输入电脑，特别是还需要搜集图片和各种字体标本。初版引用的图片大都出自蒋善国的《汉字形体学》，有些不清晰的，只得改用《古代世界史参考图集》。书虽小，收集这些图片和字体标本却真是很费功夫，特致感谢。

感谢北京出版社的吕克农和高立志两位先生为此书的再版付出的辛勤劳动。

郭锡良

2020年7月于燕园

国家新闻出版广电总局

首届向全国推荐中华优秀传统文化普及图书

‖大家小书书目

国学救亡讲演录	章太炎 著 蒙 木 编
门外文谈	鲁 迅 著
经典常谈	朱自清 著
语言与文化	罗常培 著
习坎庸言校正	罗 庸 著 杜志勇 校注
鸭池十讲（增订本）	罗 庸 著 杜志勇 编订
古代汉语常识	王 力 著
国学概论新编	谭正璧 编著
文言尺牍入门	谭正璧 著
日用交谊尺牍	谭正璧 著
敦煌学概论	姜亮夫 著
训诂简论	陆宗达 著
金石丛话	施蛰存 著
常识	周有光 著 叶 芳 编
文言津逮	张中行 著
经学常谈	屈守元 著
国学讲演录	程应镠 著
英语学习	李赋宁 著
中国字典史略	刘叶秋 著
语文修养	刘叶秋 著
笔祸史谈丛	黄 裳 著
古典目录学浅说	来新夏 著
闲谈写对联	白化文 著
汉字知识	郭锡良 著
怎样使用标点符号（增订本）	苏培成 著
汉字构型学讲座	王 宁 著

诗境浅说	俞陛云　著
唐五代词境浅说	俞陛云　著
北宋词境浅说	俞陛云　著
南宋词境浅说	俞陛云　著
人间词话新注	王国维　著　滕咸惠　校注
苏辛词说	顾　随　著　陈　均　校
诗论	朱光潜　著
唐五代两宋词史稿	郑振铎　著
唐诗杂论	闻一多　著
诗词格律概要	王　力　著
唐宋词欣赏	夏承焘　著
槐屋古诗说	俞平伯　著
词学十讲	龙榆生　著
词曲概论	龙榆生　著
唐宋词格律	龙榆生　著
楚辞讲录	姜亮夫　著
读词偶记	詹安泰　著
中国古典诗歌讲稿	浦江清　著 浦汉明　彭书麟　整理
唐人绝句启蒙	李霁野　著
唐宋词启蒙	李霁野　著
唐诗研究	胡云翼　著
风诗心赏	萧涤非　著　萧光乾　萧海川　编
人民诗人杜甫	萧涤非　著　萧光乾　萧海川　编
唐宋词概说	吴世昌　著
宋词赏析	沈祖棻　著
唐人七绝诗浅释	沈祖棻　著
道教徒的诗人李白及其痛苦	李长之　著
英美现代诗谈	王佐良　著　董伯韬　编
闲坐说诗经	金性尧　著
陶渊明批评	萧望卿　著

古典诗文述略　　吴小如　著
诗的魅力
　　——郑敏谈外国诗歌　　郑　敏　著
新诗与传统　　郑　敏　著
一诗一世界　　邵燕祥　著
舒芜说诗　　舒　芜　著
名篇词例选说　　叶嘉莹　著
汉魏六朝诗简说　　王运熙　著　董伯韬　编
唐诗纵横谈　　周勋初　著
楚辞讲座　　汤炳正　著
　　汤序波　汤文瑞　整理
好诗不厌百回读　　袁行霈　著
山水有清音
　　——古代山水田园诗鉴要　　葛晓音　著

红楼梦考证　　胡　适　著
《水浒传》考证　　胡　适　著
《水浒传》与中国社会　　萨孟武　著
《西游记》与中国古代政治　　萨孟武　著
《红楼梦》与中国旧家庭　　萨孟武　著
《金瓶梅》人物　　孟　超　著　张光宇　绘
水泊梁山英雄谱　　孟　超　著　张光宇　绘
水浒五论　　聂绀弩　著
《三国演义》试论　　董每戡　著
《红楼梦》的艺术生命　　吴组缃　著　刘勇强　编
《红楼梦》探源　　吴世昌　著
《西游记》漫话　　林　庚　著
史诗《红楼梦》　　何其芳　著
　　王叔晖　图　蒙　木　编
细说红楼　　周绍良　著
红楼小讲　　周汝昌　著　周伦玲　整理

曹雪芹的故事	周汝昌　著　周伦玲　整理
古典小说漫稿	吴小如　著
三生石上旧精魂 ——中国古代小说与宗教	白化文　著
《金瓶梅》十二讲	宁宗一　著
中国古典小说十五讲	宁宗一　著
古体小说论要	程毅中　著
近体小说论要	程毅中　著
《聊斋志异》面面观	马振方　著
《儒林外史》简说	何满子　著

我的杂学	周作人　著　张丽华　编
写作常谈	叶圣陶　著
中国骈文概论	瞿兑之　著
谈修养	朱光潜　著
给青年的十二封信	朱光潜　著
论雅俗共赏	朱自清　著
文学概论讲义	老　舍　著
中国文学史导论	罗　庸　著　杜志勇　辑校
给少男少女	李霁野　著
古典文学略述	王季思　著　王兆凯　编
古典戏曲略说	王季思　著　王兆凯　编
鲁迅批判	李长之　著
唐代进士行卷与文学	程千帆　著
说八股	启　功　张中行　金克木　著
译余偶拾	杨宪益　著
文学漫识	杨宪益　著
三国谈心录	金性尧　著
夜阑话韩柳	金性尧　著
漫谈西方文学	李赋宁　著
历代笔记概述	刘叶秋　著

周作人概观	舒　芜　著
古代文学入门	王运熙　著　董伯韬　编
有琴一张	资中筠　著
中国文化与世界文化	乐黛云　著
新文学小讲	严家炎　著
回归，还是出发	高尔泰　著
文学的阅读	洪子诚　著
中国文学1949—1989	洪子诚　著
鲁迅作品细读	钱理群　著
中国戏曲	么书仪　著
元曲十题	么书仪　著
唐宋八大家 ——古代散文的典范	葛晓音　选译
辛亥革命亲历记	吴玉章　著
中国历史讲话	熊十力　著
中国史学入门	顾颉刚　著　何启君　整理
秦汉的方士与儒生	顾颉刚　著
三国史话	吕思勉　著
史学要论	李大钊　著
中国近代史	蒋廷黻　著
民族与古代中国史	傅斯年　著
五谷史话	万国鼎　著　徐定懿　编
民族文话	郑振铎　著
史料与史学	翦伯赞　著
秦汉史九讲	翦伯赞　著
唐代社会概略	黄现璠　著
清史简述	郑天挺　著
两汉社会生活概述	谢国桢　著
中国文化与中国的兵	雷海宗　著
元史讲座	韩儒林　著

魏晋南北朝史稿	贺昌群　著
汉唐精神	贺昌群　著
海上丝路与文化交流	常任侠　著
中国史纲	张荫麟　著
两宋史纲	张荫麟　著
北宋政治改革家王安石	邓广铭　著
从紫禁城到故宫 ——营建、艺术、史事	单士元　著
春秋史	童书业　著
明史简述	吴　晗　著
朱元璋传	吴　晗　著
明朝开国史	吴　晗　著
旧史新谈	吴　晗　著　习　之　编
史学遗产六讲	白寿彝　著
先秦思想讲话	杨向奎　著
司马迁之人格与风格	李长之　著
历史人物	郭沫若　著
屈原研究（增订本）	郭沫若　著
考古寻根记	苏秉琦　著
舆地勾稽六十年	谭其骧　著
魏晋南北朝隋唐史	唐长孺　著
秦汉史略	何兹全　著
魏晋南北朝史略	何兹全　著
司马迁	季镇淮　著
唐王朝的崛起与兴盛	汪　篯　著
南北朝史话	程应镠　著
二千年间	胡　绳　著
论三国人物	方诗铭　著
辽代史话	陈　述　著
考古发现与中西文化交流	宿　白　著
清史三百年	戴　逸　著

清史寻踪	戴　逸　著
走出中国近代史	章开沅　著
中国古代政治文明讲略	张传玺　著
艺术、神话与祭祀	张光直　著
	刘　静　乌鲁木加甫　译
中国古代衣食住行	许嘉璐　著
辽夏金元小史	邱树森　著
中国古代史学十讲	瞿林东　著
历代官制概述	瞿宣颖　著

宾虹论画	黄宾虹　著
中国绘画史	陈师曾　著
和青年朋友谈书法	沈尹默　著
中国画法研究	吕凤子　著
桥梁史话	茅以升　著
中国戏剧史讲座	周贻白　著
中国戏剧简史	董每戡　著
西洋戏剧简史	董每戡　著
俞平伯说昆曲	俞平伯　著　陈　均　编
新建筑与流派	童　寯　著
论园	童　寯　著
拙匠随笔	梁思成　著　林　洙　编
中国建筑艺术	梁思成　著　林　洙　编
沈从文讲文物	沈从文　著　王　风　编
中国画的艺术	徐悲鸿　著　马小起　编
中国绘画史纲	傅抱石　著
龙坡谈艺	台静农　著
中国舞蹈史话	常任侠　著
中国美术史谈	常任侠　著
说书与戏曲	金受申　著
世界美术名作二十讲	傅　雷　著

中国画论体系及其批评	李长之 著
金石书画漫谈	启 功 著 赵仁珪 编
吞山怀谷 ——中国山水园林艺术	汪菊渊 著
故宫探微	朱家溍 著
中国古代音乐与舞蹈	阴法鲁 著 刘玉才 编
梓翁说园	陈从周 著
旧戏新谈	黄 裳 著
民间年画十讲	王树村 著 姜彦文 编
民间美术与民俗	王树村 著 姜彦文 编
长城史话	罗哲文 著
天工人巧 ——中国古园林六讲	罗哲文 著
现代建筑奠基人	罗小未 著
世界桥梁趣谈	唐寰澄 著
如何欣赏一座桥	唐寰澄 著
桥梁的故事	唐寰澄 著
园林的意境	周维权 著
万方安和 ——皇家园林的故事	周维权 著
乡土漫谈	陈志华 著
现代建筑的故事	吴焕加 著
中国古代建筑概说	傅熹年 著
简易哲学纲要	蔡元培 著
大学教育	蔡元培 著 北大元培学院 编
老子、孔子、墨子及其学派	梁启超 著
春秋战国思想史话	嵇文甫 著
晚明思想史论	嵇文甫 著
新人生论	冯友兰 著

中国哲学与未来世界哲学	冯友兰　著
谈美	朱光潜　著
谈美书简	朱光潜　著
中国古代心理学思想	潘　菽　著
新人生观	罗家伦　著
佛教基本知识	周叔迦　著
儒学述要	罗　庸　著　杜志勇　辑校
老子其人其书及其学派	詹剑峰　著
周易简要	李镜池　著　李铭建　编
希腊漫话	罗念生　著
佛教常识答问	赵朴初　著
维也纳学派哲学	洪　谦　著
大一统与儒家思想	杨向奎　著
孔子的故事	李长之　著
西洋哲学史	李长之　著
哲学讲话	艾思奇　著
中国文化六讲	何兹全　著
墨子与墨家	任继愈　著
中华慧命续千年	萧萐父　著
儒学十讲	汤一介　著
汉化佛教与佛寺	白化文　著
传统文化六讲	金开诚　著　金舒年　徐令缘　编
美是自由的象征	高尔泰　著
艺术的觉醒	高尔泰　著
中华文化片论	冯天瑜　著
儒者的智慧	郭齐勇　著
中国政治思想史	吕思勉　著
市政制度	张慰慈　著
政治学大纲	张慰慈　著
民俗与迷信	江绍原　著　陈泳超　整理

政治的学问	钱端升　著　钱元强　编
从古典经济学派到马克思	陈岱孙　著
乡土中国	费孝通　著
社会调查自白	费孝通　著
怎样做好律师	张思之　著　孙国栋　编
中西之交	陈乐民　著
律师与法治	江　平　著　孙国栋　编
中华法文化史镜鉴	张晋藩　著
新闻艺术（增订本）	徐铸成　著
经济学常识	吴敬琏　著　马国川　编
中国化学史稿	张子高　编著
中国机械工程发明史	刘仙洲　著
天道与人文	竺可桢　著　施爱东　编
中国医学史略	范行准　著
优选法与统筹法平话	华罗庚　著
数学知识竞赛五讲	华罗庚　著
中国历史上的科学发明（插图本）	钱伟长　著

出版说明

“大家小书”多是一代大家的经典著作，在还属于手抄的著述年代里，每个字都是经过作者精琢细磨之后所拣选的。为尊重作者写作习惯和遣词风格、尊重语言文字自身发展流变的规律，为读者提供一个可靠的版本，“大家小书”对于已经经典化的作品不进行现代汉语的规范化处理。

提请读者特别注意。

北京出版社